마흔,
클라이맥스를 살아라!

마혼, 클라이맥스를 살아라

ⓒ 정순원, 2007

초판 인쇄 | 2007년 2월 1일
초판 발행 | 2007년 2월 7일

지 은 이 | 정순원
펴 낸 이 | 김승욱
펴 낸 곳 | 이콘출판(주)
출판등록 | 2003년 3월 12일 제406-2003-059호

주   소 | 413-756 경기도 파주시 교하읍 문발리 파주출판도시 513-8
전자우편 | editor@econbook.com
전화번호 | 031) 955-7979
팩   스 | 031) 955-8855

ISBN 978-89-90831-32-3 03320

이 도서의 국립중앙도서관 출판시도서목록(CIP)은
e-CIP 홈페이지(http://www.nl.go.kr/cip.php)에서 이용하실 수 있습니다.
(CIP제어번호: CIP2007000263)

마흔,

인생 2막을 위한 희망 전략서

정순원 지음

클라이맥스를 살아라!

이콘

마흔의 껍데기를 벗고 다시 한 번 내 인생의 클라이맥스를 찾자.

어릴 적에는 1년도 참 긴 시간이었는데 40대가 되고 보니 몇 년 전 일도 엊그제 일 같기만 하고, '어~' 하는 사이에 시간이 손가락 사이에 모래 빠져 나가듯 술술 빠져나가는 기분이다.

1초, 1분, 한 시간, 1년이라는 물리적인 시간의 길이는 나이를 막론하고 똑같이 주어지는 것이겠지만, 심리적으로 느끼는 세월의 속도는 분명히 차이가 있다.

나이 들면서 시간에도 가속도가 붙는 느낌이다. 마치 빠르게 달리는 자동차에 가속도가 붙는 것처럼 말이다. 20대에는 2배속, 30대에는 3배속, 40대는 4배속으로 달려가는 것 같다. 앞으로 5배속, 6배속으로 하루하루가 아까울 정도로 더 빨라질지도 모르겠다.

요즘같이 하루가 다르게 빠르게 변화하는 사회에서는 한치 앞도 예측하기 어렵고, 제자리에 머물러 있는 것은 후퇴를 뜻하기도 한다. 그저 나이가 들었다는 것만으로 예우를 받던 과거와는 분명히 다른 시대가 왔다. 이제 변화하지 않는 중년은 더 빨리 노년으로 넘어가게 될 것이다.

대한민국의 사십대 남자들은 요즘 뒤통수를 맞은 기분일 것이다.

책임감 있는 가장으로 성실히 살아왔고 회사를 위해 사회를 위해 때론 '나'를 포기해가며 열심히 일했는데, 가정에서는 '무심한 가장'으로 사회에서는 '정리해야 할 대상'으로 취급받고 있으니 말이다. 심란한 마음이 생기지 않을 수가 없다.

흔히들 40대를 불혹(不惑)이라 말한다. 세상일이나 유혹에도 쉽게 흔들리지 않는 나이라는 뜻인데, 과연 이 시대의 40대들은 불혹일까? 물론 2,30대와는 다른 마음의 심지와 의연함을 가지고는 있지만 그래도 여전히 불안하고 흔들리기 쉬운 상태이다.

지금의 40대들에게는 불혹이란 말보다는 다혹(多惑)이란 말이 더 어울리지 않을까 싶다. 늘 보던 가족들도 남처럼 멀게만 느껴지고, 지나온 인생이 허무하고 앞으로의 시간들도 불안하기만 하다. 어깨를 짓누르는 책임감 따위는 잊어버리고 어디론가 도망쳐버리고 싶기도 하다.

위기의 남자라는 말도 어느 새 중년의 남자를 일컫는 말이 되어버렸다.

하지만 위기는 또 다른 기회다.

세상을 살다보면 어느 순간이건 인생의 전환점이 되는 시기가 오기 마련이다. 바로 지금이 자신을 돌아보고 자신을 다시 한 번 재정비할 기회인 것이다.

대한민국 중년 남자들의 공통점은 '나' 가 없다는 것이다.

아들이자 남편이자 아버지, 회사의 부장, 과장이라는 직함으로만 살았지 순수한 '나' 로서의 자신을 잊고 산다는 것이다.

이제 남을 위해, 가족을 위해, 회사를 위해 달리지 말고, 나를 위한 시간을 가지면서, 나를 위해 일하고, 나를 좀 들여다보면서 나를 위해 달려보자.

그동안 우리는 인생의 전반전을 훌륭하게 잘 뛰어왔다.

실수도 있었고 시행착오도 있었고 실패도, 성공도 있었다.

40대에게는 지나온 시간이라는 재산이 있다.

더불어 앞으로 더 지혜롭게 잘 쓸 수 있는 40년이란 시간도 남아 있다.

마흔, 늙지도 젊지도 않았다는 것은 어정쩡한 게 아니라 생각하기에 따라 평온하고 멋진 일이다.

더 이상 청춘이 아니라는 생각에 우울해 하기보다는 이제 세상에서 제일 멋진 중년으로 살아가기 위한 계획을 짜야 할 시간이다. 물론 그 계획에는 정답이 없다. 각자에게는 각기 다른 행복의 목표와 계획이 있을 것이다.

가장 중요한 것은 자신의 내면을 들여다 볼 줄 아는 것, 그리고 시대와의 조화를 이루며 변화하는 것이다.

대한민국의 중년 남자들이 이 책을 통해 마흔의 껍데기를 벗고 마흔이라는 의미를 짚어 보는 시간을 가져볼 수 있기를 바란다. 그래서 그것을 통해 마음의 작은 변화를 일으키고 그것이 다시 한 번 인생의 클라이맥스를 이끌어낼 수 있는 기회가 된다면 더 없이 좋겠다.

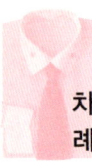
차
례

PART 1

인생 2라운드, 자화상 엿보기

chapter 1

마흔이라는 시한폭탄

어느 날 밤길을 가던 한 중년 남자가 강도를 만났다.

"난 강도다. 돈 내놔!"

남자는 무서웠지만 강도에게 말했다.

"뭐? 돈? 안 돼! 우리 마누라가 얼마나 무서운데…… 내가 집 근처에서 강도에게 돈 뺏겼다고 하면 마누라가 믿을 것 같아?"

중년 남자의 대답에 강도는 그 남자의 멱살을 쥐고 말했다.

"야! 이 자식아, 그럼 내가 오늘 한건도 못했다고 하면 우리 마누라가 믿을 것 같아?"

이 얘기는 인터넷에 떠도는 유머다. 이 이야기를 읽고 푸하핫 하고 그저 폭소만 터뜨렸다면 당신은 여자이거나 젊은 남자일 것이다. 만일 당신의 고개가 절로 끄덕여지며 '에휴' 하는 한숨이 나왔다면 당신은 아마도 대한민국 대표, 중년 남자일 것이다.

어느 날 문득 자신이 나이 들어가는 것을 느꼈듯이, 아이들도 어느새 부쩍 커버렸다는 것을 느낀다. 퇴근하고 집에 돌아오면 달려와 안기던 아이들이 이제는 "다녀오셨어요." 라고 짧게 인사만 하고 자기 방으로 들어가 버린다. 좀 친해져 볼 요량으로 이런 저런 말을 시키면 형식적인 대답만 짧게 할 뿐, 제 엄마와는 이런 저런 이야기도 하는 것 같은데 도통 나에겐 그러질 않는다.

아내와도 마찬가지다. 하는 이야기라곤 아이들 교육비, 생활비, 물가는 왜 그리 비싼지 웬만해선 감당하기 힘들다는 둥의 돈 이야기.

제일 중요한 것은 가족들 굶기지 않고 돈 걱정 없이 살게 해주는 일이라 생각하고 열심히 일에만 매달렸는데, 그러다보니 가족들에게 다른 식으로는 어필하지 못했나보다. 오로지 경제적인 문제에 관해서만 나와 이야기하려는 걸 보면, 가족들에게 내 얼굴은 세종대왕님 얼굴처럼 보이나 싶다.

40대 중반 한 가장의 쓸쓸한 일기다.
대한민국 남자들, 열심히 일하느라 가정에 소홀할 수밖에 없는 것, 인정한다. 앞만 보고 달리지 않으면 치열한 경쟁에서 살아남기 힘들다. 기반이 잡힐 때까지는 다른 생각하지 말고 일만 하자 생각할 수밖에 없다. 그러나 막상 한숨 돌릴 여유가 생기니 시간이 너무 지나와 버렸다. 가족과도 알 수 없는 거리가 생겨 버렸다. 가족들이 무엇을 생각하고 있는지 모르듯 가족들도 그가 무슨 생각을 하고 있는지 모르고 있다.

현대의 가족들에게 아버지는 어쩌면 돈 버는 기계처럼 보일런지 모른다. 하지만 그 돈 버는 기계들은 자신의 기계적 수명이 언제 다할지 몰라 전전긍긍하고 있다는 사실, 가족들은 얼마나 알고 있을까?

회사원 K씨, 모처럼 쉬는 날 거울 앞에 섰다가 거울에 비친 한 남자를 보고 그만 놀라고 말았다. 웬 중늙은이가 자신을 마주하고 서있었던 것이다. 이중 턱에 주름살도 늘고 배도 볼록 튀어나왔다. 머리를 쓸어 넘기니 머릿속이 훤하다. 그렇게 무성했던 머리숱은 다 어디로 갔는지 남은 머리칼은 한 줌도 안 된다. 그러고 보니 이마도 꽤 넓어졌다.

그래도 한창 땐, 꽃미남은 아니라도 푸릇푸릇한 풀청년(?) 정도는 되었던 것 같은데, 어느새 데친 시금치 같이 축 쳐진 모습이라니. 옷장에 넣어둔 청바지를 꺼내 입어 봐도 어쩐지 아들놈 옷을 빌려 입은 듯 어색하기만 하다. 청바지가 어울리던 탱탱한 힙은 펑퍼짐하고 축 늘어져있다. 마흔이라는 문턱에 발을 얹는 순간, 그동안 무심히 넘겼던 것들이 눈에 보이기 시작했다.

저녁엔 아내와 텔레비전을 보다가 또 충격을 받았다. 바람난 남편 때문에 괴로워하는 아내가 나오는 연속극을 보며 아내에게 "여보, 나도 바람나면 어쩔 거야?"라고 물었더니 돌아오는 아내의 대답.

"당신처럼 늙고, 배나오고, 머리도 빠진, 돈도 잘 못 버는 남자, 누가 좋다고 할 것 같아? 바람은 아무나 피나?"

'당신도 만만치 않아!'라는 말이 목구멍까지 올라왔지만 공연히 말싸움만 될 것 같아 참았다. 말싸움 해봤자 본전도 못 건질 게 뻔하다. 그날 밤 K씨는 홧김에 바람이라도 필까 생각도 해보고, 이제 이렇게 꺾어지는 건가 하는 씁쓸한 생각을 하며 그렇게 휴일을 마무리했다.

40대를 넘어서는 사람이라면 한번쯤은 겪게 되는 몸과 마음의 변화가 있다. 예전과 다른 체형과 얼굴의 주름들, 어느새 약해진 체력. 마음은 아직 젊은데 몸은 한참 먼저 늙어버린 기분, 열심히 살아온 것 같은데 막상 손에 쥔 것은 없는 것 같은 억울함, 가족들은 나를 돈 버는 기계로 생각하고 세상은 나를 수명이 얼마

남지 않은 처분해야 할 기계로 여긴다는 생각.

40대가 겪는 변화는 봇물처럼 한꺼번에 밀려온다. 예전 같으면 이런 감상적인 기분들 따위, 아무렇지 않게 넘겨 버렸을 텐데 그게 쉽게 잘 안 된다. 중년이 되면 남자는 여성 호르몬이 증가한다고 하더니 남성다움이나 패기는 사라지고, 어디다가 털어놓기도 힘든 감성만 늘어나는 것 같다. 30대에는 '안되면 어때? 다시 시작하면 되지!' 하며 도전하는 용기가 있었는데 지금은 '이 나이에 잘리면 어딜 가?', '새로 시작하다가 본전도 못 찾으면 어쩌나.' 하며 세상과 타협하고 안주하려고만 한다. 젊은 날, 내가 비웃고 경멸하던 그런 중년의 안일함에 빠진 나를 똑바로 쳐다보기 무섭다.

그러나 세상이 바라보는 중년은 이런 내 맘과는 다르다.

내 선택에는 가족과 부하직원의 생계가 달려있고, 회사와 나라의 발전도 달려있단다. 자칫 잘못된 선택은 나뿐만 아니라 여러 사람에게 큰 손실을 가져오고 상사로서의 능력도 의심받는다. 윗사람에게는 연봉 값도 못한다는 인상을 줄지도 모른다. 그야말로 막중한 책임감이다.

가족에 대한 책임감, 상사로서의 책임감, 사회에 대한 책임감, 심지어 40대부터는 얼굴에도 책임을 지라고 한다. 멋지고 여유 있는 중년의 얼굴을 갖고 싶지만 피곤과 불안에 찌든 얼굴이나 되지 않으면 다행이다. 세상은 이처럼 어깨를 짓누르는데 정작 40대는 자신감이 점점 약해지고, 하루하루를 무사히 넘겼다는 현실에 안주하고 싶은 마음뿐이다.

복지부동, 젖은 낙엽 등이 소재인 우스갯소리에 마냥 웃을 수만은 없다고나 할까. 한편으로는 가슴이 뜨끔해지는 자신을 보게 된다. 더구나 지인의 돌연사 소식도 심심찮게 들려온다. 과로사라는 말도 이젠 더 이상 낯설지 않다. 멋모르는 사람들은 무슨 부귀영화를 누리려고 그렇게 바보같이 죽도록 일하냐고 하겠지만 40대는 안다. 가족을 위해 미래를 위해 앞만 보며 달리다 보면 그럴 수도 있다는 것을, 아니 그럴 수밖에 없다는 것을! 가족과 회사를 위해 나를 버린 지 오래, 대단한 상을 바란 것은 아니었지만 아무도 알아주지 않는 것 같아 더 허무하다. 몸 망가지면 나만 손해지 싶어 지금부터라도 관리해야할 것 같은데 어째 그것조차 벅차다. 사회적 세대로써의 40대도 큰 부담이지만, 생물학적 세대로써의 40대, 이래저래 진퇴양란의 심리적 부담은 정말 만만치 않다.

해 놓은 것 없이 나이만 먹고 변해 가는 자신이 한심하고, 그렇다고 남을 앞서갈 자신은 없고, 왠지 모를 자격지심에 노심초사 전전긍긍 막연한 불안감에 휩싸이는 40대. 10대가 사춘기라면 40대는 사추기라고 하더니 이제야 실감이 난다. 하지만 40대 스스로 생각을 바꾸면 문제는 한결 가벼워지고 다시 한 번 인생을 새롭게 포맷할 수 있을 것이다. 사춘기를 잘 보낸 청소년이 멋진 청년으로 자라는 것처럼 말이다.

40대야 말로 인생에서 가장 바쁜 시기, 그야말로 중추적 역할을 하는 세대다. 그동안 축적한 다양한 노하우를 발휘하면서 최대한의 효과를 창출하는 세대이다. 경험도 쌓이고 일도 손에 붙어 능숙하게 처리할 수 있는 40대, 이 황금의 40대에 가정과 직장에서는 책임을 요구한 만큼 역할도 부여해야 한다. 그런데 우리 사회는 IMF 체제를 겪으면서 성공은 30대에 이루어야 하고, 40대는 조기은퇴를 준비하는 나이라는 잘못된 사고를 가지게 되었다. 조기은퇴는 IMF가 우리에게 남긴 가장 큰 후유증이 아닌가 한다. IMF는 우리에게 정신적인 조로증을 가져다주고 말았다. 40대는 제 자리로 '복권' 되어야한다. 사회가 그렇게 못한다면 자신의 힘으로라도, 최소한 마음가짐으로라도 다잡아야 한다.

불혹(不惑), 늙지도 젊지도 않은 나이, 인생의 중간 지점, 인생의 중요한 변곡점이다. 당신의 손에 있는 '마흔' 이라는 시한폭탄의 초침은 지금도 쉬지 않고 돌아간다. 망설이다가 당신은 그만 자폭할 것인가? 그것은 당신의 마음가짐에 달렸다.

chapter 2

어느 날 갑자기 내가 죽는다면?

스무 살, 서른 살이 되있을 내를 기억하는가? 마흔 살이 되었을 때 느낌이 그 때와는 무척 다르다는 것을 여러분은 인정할 것이다. 상실감이나 공허감은 훨씬 더 크지만, 반면 꿈을 조금씩 이루거나 포기하면서 현실에 안주한 만큼 허황된 욕심이나 욕망은 줄어들었다. 그야말로 조그만 유혹에는 쉽게 흔들리지 않는 '불혹'을 실감한다.

그러나 큰 욕심을 부리지는 않지만 그동안 일궈 놓은 것들을 더욱 탄탄히 지켜내고 싶은 마음만큼은 강하다. 마음의 평정을 유지하려고 애 쓰지만 때때로 내가 너무 조바심을 내고 있는 건 아닌지, 혹 젊은 사람들한테 뒤처지는 건 아닌지 하는 불안감을 느끼지 않을 순 없다.

2, 30대에도 미래에 대한 중압감은 있었지만 40대와는 사뭇 다른 느낌이다. 2, 30대는 기대감이 가득한 중압감이라면, 40대는 불안감을 보다 많이 안고 있는 중압감이라고나 할까?

앞으로 10년을 어떻게 잘 꾸려나갈까 하며 나름대로 미래를 설계해 보기도 하지만, 들려오는 40대의 세상 이야기들은 어떻게 하면 죽지 않고 40대를 넘길까 하는 생각을 먼저 하게끔 만든다.

40대 남자 사망률 세계 1위. 40대 남자 자살률 세계 1위.

이것이 현재 우리나라 중년 남자들의 위태로운 현주소다. 이러다간 죽지 않고 무사히 40대를 버텨낸 남성에게 백일을 넘긴 아기들에게 하듯 잔치라도 벌여줘야 할지도 모르겠다.

우리나라 40대 남성에게 도대체 무슨 일이 벌어지고 있는 것일까?

40대 남성의 주된 사인은 돌연사라고 한다. 얼마 전 고인이 된 개그맨 김형곤씨도 사우나 도중 심근경색으로 인한 돌연사로 우리 곁을 떠났다. 많은 사람들이 그를 애도했고 남의 일 같지 않다며 가슴을 쓸어내렸다.

돌연사, 말 그대로 아무 일 없이 잘 지내다 돌연 죽는다는 이야기니 참 황망하기 짝이 없다. 돌연사만큼 자주 듣는, 40대 남자들을 위협하는 죽음은 바로 과로사이다. 사람들은 처음에 일을 많이 한다고 해서 죽는다는 것을 이해하지 못했다. 그러나 이제는 과로사라는 말에 익숙하다. 과로와 스트레스가 사망원인이 된다며 업무상 재해로 인정하는 법원의 판례에서 보듯, 이제는 법도 과중한 업무로 인한 스트레스가 인간을 죽일 수도 있음을 인정하고 있다.

돌연사와 과로사를 어떻게 구분할 수 있을지 모르겠지만 둘 다 심장과 관련된 갑작스런 발병이 그 원인인 것으로 알려지고 있다. 일본의 한 조사에 따르면, 하루 평균 11시간 이상을 일하는 남성들은 하루에 7~9시간을 일하는 남성들에 비해 심장마비에 걸릴 확률이 2.4배나 높다고 한다. 일을 많이 할수록 스트레스가 많이 쌓이고 그 스트레스가 축적되면 심장에 무리를 주게 되어 마침내 죽음에 이른다는 이야기다.

그렇다면 스트레스를 적게 받으면 된다는 이야기인데, 그 스트레스를 줄인다는 것이 쉬운 듯 느껴지지만 사실 만만찮은 일이다.

중년의 남자들에게 가장으로서, 직장의 구성원으로서의 책임감이 어디 보통 무거운 일인가?

모두들 나만 바라보고 있는데 나약한 모습을 보일 수도 없고 힘들다고 쉬거나 멈춰 설 수도 없는 입장이다. 아무리 힘들어도 내가 감당해야 할 십자가다. 하루가 다르게 급변하는 경쟁사회 속에서 도태되지 않고 살아남기 위해 몸 부서지는 것도 모르게 일하고, 가족들 고생시키지 않고 가장으로서 당당한 모습을 보이기 위해 갖은 모욕과 고생을 참아가면서도 타들어가는 시커먼 속을 제대로 보여주지 않고 있다. 아마 대부분의 한국 남자들은 죽어가면서도 처자식은 먹고 살 수 있게 해줘야 한다는 걱정을 할 것이다.

물론 주부에게도 스트레스가 있고 학생에게도 스트레스가 있고 누구에게나 스트레스는 있다. 그러나 가장의 책임감과 생존에 대한 스트레스의 강도는 상상을 초월한다.

돌연사는 연간 1천 명당 1~2명의 발생 빈도를 보이는데 여성보다 남성이 무려 네 배 가량 높다. 육체적인 중병, 알코올 중독, 정신병원 입원 그리고 심장병 등이 원인이 되는 조기사망에 대한 남녀의 차이를 비교해보면 남자는 2,30대를 지나 40대에 들면서 여성을 압도적으로 앞선다. 가정을 이루고 자식이 생기면서 가장으로서의 확실한 자리매김을 한 후에 사망률이 더 높은 것은 우연이 아닐 것이다.

왜 이런 현상이 생기는 것일까? 일터에서 받는 압력이 상대적으로 더 높고 빈번하기 때문일 것이다. 물론 40대 여성의 경제 활동 인구가 40대 남성에 미치지 못하는 것도 그 이유이기도 하다.

게다가 일하는 여성에게 가정에서의 역할 역시 완벽하기를 강요하는 것과 마찬가지로 남성에게도 일과 가족 두 영역의 균형적 역할 수행을 종용한다. 가정생활 역시 남성에게는 중요한 가치이다. 기혼 남성들은 일에 대한 과중한 부담감과 함께 가정에서의 역할도 소홀히 하면 안 된다는 심리적 부담감, 즉 스트레스를 또 하나 안게 된다. 40대 남자에 대한 사회의 기대치가 높기 때문에 더욱 스트레스를 받는 것이라는 주장도 일리가 있다. 이래저래 중년 남자를 짓누르는 스트레스는 참으로 다양한 모습이다.

당신은 과연 얼마나 스트레스를 받고 있을까?

스트레스는 분노와 적대감, 자기비하의 모습으로 표출되는데 내가 얼마나 스트레스를 받는가를 알고 싶다면 자신이 얼마나 화를 내고 누군가를 미워하고 우울해 하는가를 생각해 보면 알 수 있을 것이다. 직장에서, 가정에서 당신은 어떠한가? 오늘 하루도 얼마나 당신의 심장에 손상을 주었는가?

머리로 생각할 때는 공연히 열 받고 스트레스를 받는 것이 나쁘다는 것을 알지만, 감정은 조절하기가 힘든 것이 사실이다. 일을 하다 보면 화가 날 때도 있고 일에 도움이 되지 않는 이들이 밉기도 하고 종종 다 때려치우고 싶기도 하다.

얼마 전 잡지에서 읽은 글인데 '우리가 받는 월급의 20%만이 일에 대한 순수한 월급이고, 나머지 80% 정도는 다양한 모욕감을 참아내는 비용이다.' 라는 말이 있었다. 오죽 직장 생활에서 받는 스트레스가 크면 일 자체보다 스트레스에 대한 비용으로 월급을 받는다는 이야기가 나올까.

한 가지 분명한 것은 '그럼에도 불구하고' 우리는 그 사회와 조직 속에서 살아가야 한다는 것이다. 그렇다면 결국 스트레스를 잘 다스리는 것만이 방법이라는 결론이 나온다.

스트레스를 덜 받으면서 건강하게 오래 사는 것은 무엇을 먹느냐에 따라 결정되는 것이 아니라 어떤 식으로 살고 있느냐에 따라 좌우된다. 일과 휴식습관, 행동 양식에 따라 인간을 다음과 같이 A형과 B형으로 나눌 수 있다. 보통의 사람들은 이 두 가지의 혼합 양상을 보이지만 자신이 어디에 더 가까운지는 확인할 수 있을 것이다.

A유형

– 경쟁적이고 조급하다.

- 신경질적이고 방해를 받을 때에는 더 강력하게 반응하는 경향이 있다.

- 업무 처리 속도가 빠르다.

- 과도한 경쟁, 공격성, 시간의 압박, 열정적인 언변, 얼굴 근육의 긴장 등을
  자주 보인다.

B유형

- 시간 또는 사람에 대한 갈등의 압력을 느끼지 못하고 자연스럽고 정상적인
  추진력을 갖는다.

- 과업을 성취하기 위해 꾸준히 일을 한다.

- 작업 속도가 일정하며 시간에 얽매이지 않는다.

- 작업 시간을 연장시키지 않으며 과업 성취를 위해 서두르지 않는다.

B형에 더 가깝다면 안심해도 좋다. B형은 비교적 차분하고 느리며 자신이나 타인에 대해 느긋한 사람이다. 60세 이전에 심장병에 걸릴 일은 없을 것이다.

그렇다면 A유형은? A유형은 노력가에다 공격적이어서 많은 일을 될 수 있는 대로 빨리 하려고 한다. 야심가인 A유형은 적극적이고 늘 시간과 타인을 두고 다툰다. 우리 사회에서 존경받는 남성의 특성을 거의 다 모은 듯하다. 그러나 A형의 행동은 생명에 관한 한 치명적이다. 이상적인 남성상일지는 모르겠지만 심

장병에 걸리기 쉬운 전형이다. 심장병으로 죽는 사람에 대한 의문점은 여전히 많이 남아 있지만 A형이 심장병의 원인이 되는 일종의 생화화적 변화를 초래한다고 입증된 바 있다. 그래서 몇몇 학자들은 이 A형을 '공인되어 있지는 않지만 병' 인 상태라고 말하기도 했다. A형의 행동양식은 우리 사회에 깊이 뿌리를 둔 이상적인 남성상의 결과물이기도 하다. 특히나 한국 사회에서는 빨리빨리 해야 성공하는 것이었고, 기한을 맞추기 위한 야근이나 연장 근무를 대수롭지 않게 생각했다. 결국 더 열심히 일하고 빨리 성공하려다가 빨리 죽을 수도 있다는 이야기다.

이젠 먹을 게 없어서 죽는 일은 없다. 살만 하지 않은가? 좀 느긋해져도 되지 않을까? 남은 인생 동안 이뤄내야 할 것들이 그토록 많은가? 그것도 빨리빨리?

다음의 광고 카피를 들어 본 적이 있을 것이다. '남들보다 더 기를 쓰고, 더 애태우고, 더 욕심내고, 더 화를 내고.' 어떤 두통약의 카피이다. 그래서 머리가 아프고 머리가 아픈 이유가 당신이 남들보다 더 열정적이기 때문이라고 한다. 감각적인 영상과 멋진 카피 때문에 가끔씩 오는 나의 두통을 자랑스럽게까지 만들기도 한다.

하지만 이 카피가 들먹이는 유형은 확실한 A형이다. 솔직히 이제 나는 그 열정을 조금만 죽이고 평온하고 안전한, 심장병에 걸리지도 않을, 그리고 더 이상 머리도 아프지 않은 40대를 보내고 싶다.

혼신을 다해 열정적으로 일하다 죽을 것인지, 일할 땐 일하고 놀 때는 놀고 쉴 때는 쉬어 가며 좀 더 오래 인생을 향유하다 갈 것인지, 당신은 어느 편을 선택할 것인가?

chapter 3

기러기 아빠와 수사마귀

지난해 여름, 미국에서 오는 선배를 마중해서 함께 공항버스를 타고 오던 길이었다. 옆 좌석에 초등학생으로 보이는 두 아이와 그 아이들의 엄마로 보이는 30대 후반의 여성이 나란히 앉아 있었다.

아이들이 시끌벅적하기도 하고 초등학생들이 영어로 된 책을 읽어 대는 것이 또 신기하기도 해서 그 가족에게로 자꾸만 시선이 갔다. '온 가족이 좋은 데로 여름휴가를 다녀오는 길인가 보다.' 했다. 그런데 '아빠는 왜 동행하지 않았을까?' 하는 의문이 들었다. 곧 그 의문이 풀렸다. 엄마가 아이들에게 하는 말이 들렸는데, "아빠 너무 보고 싶지? 지난 겨울방학에 보고 처음 뵙는 거지? 우리 이번에는 아빠랑 수영장에도 가고, 놀이동산에도 가고 바닷가에도 가자!" 하는 것이다.

매스컴에서 이야기 하던 바로 그 '기러기 가족'이었다.

같이 살지 못하고 떨어져서 생활하는 가족을 '기러기 가족', 그 가장은 '기러기 아빠'라고 부른다. 최근 조기 유학 붐이 일면서 '기러기 아빠'는 한국에 남아 돈을 벌어 자녀의 학비와 생활비를 책임진다. 자녀가 어리다 보니 내가 본 가족처럼 대개 엄마가 자녀의 뒷바라지를 위해 동반 유학한다. 한국에 홀로 남겨지는 '기러기 아빠'는 그야말로 외기러기 신세다.

갈매기도 아니고, 비둘기도 아니고, 수많은 새 중에 하필 '기러기 아빠'로 불리는 데는 몇 가지 이유가 있다. 알다시피 '기러기 아빠'는 60년대 초 이미자 씨가 부른 가요 제목이다. 이 곡은 가족 간의 이별을 너무나 슬프게 표현해 당시 월남전 참전에 부정적으로 작용될 것으로 여겨져 1965년 방송 금지곡이 되기도 했었다. 기러기는 또 부부의 화목을 상징하는 철새이다. 비록 떨어져 지내지만 뜨거운 가족애 하나만으로 혼자 사는 수고를 묵묵히 받아들이고 외로움과 싸우는 가장을 그래서 '기러기 아빠'라고 한다.

그래도 자녀를 해외로 유학 보낼 정도이니 일부 돈 많은 사람들이나 '기러기 아빠'가 될 거라고 생각한다면 오산이다. 이전엔 주로 대기업 임원이나 의사, 변호사 등 고소득 전문직 종사자들이 기러기 아빠 신세가 되었지만, 최근에는 일반 회사원 등 중산층까지 확산되고 있다. 이러다보니 자식의 교육을 위해서는 보내긴 보내야겠지만 경제적 부담 때문에 동동 거리는 '펭귄 아빠' 까지 등장했다. 짧은 다리로 남들 열심히 뒤쫓느라 버둥거리고, 경제적 여유가 없어 정작 자신은 비행기를 타지 못하고 공항에서 손만 흔드는 모습을 뒤뚱뒤뚱 날갯짓 해봐야 날 수 없는 펭귄의 처지에 빗대어 한 말이다.

서울시 교육청 집계에 따르면 지난 2003년, 유학과 이민을 위해 학교를 그만 둔 서울 지역 중,고교생이 4,376명에 이른다고 한다. 이는 2000년에 비해 669명이 증가한 것으로 계속 증가세에 있다. 초등학생의 경우는 더하다. 2002년 한 해만도 1만5천여 명이 자퇴를 하였고, 대부분의 사유가 해외 유학이어서 기러기 아빠도 그만큼 늘어났다고 볼 수 있다.

서구사회에서는 볼 수 없는 학벌 위주의 우리 사회 구조와 자녀 중심적인 가족문화가 만들어낸 독특한 현상이다. 이처럼 기러기 아빠가 급증하게 되자 기러기 아빠와 그 가족에 대한 문제점들도 꽤 많이 나타났다.

기러기 아빠가 되면 제일 먼저 뭐가 달라질까? 우선 사는 공간이 추락한다. 대부분의 기러기 아빠들은 온 가족이 살던 큰 집을 처분하고 오피스텔이나 작은 아파트로 집부터 옮기게 된다.

처음 얼마동안은 홀가분함과 자유, 결혼 전 총각 시절의 분위기를 즐기기도 한다. 친구와도 자주 만나고 가족에 매여서 하지 못했던 취미 생활로 시간을 보내기도 한다. 하지만 그 홀가분함은 어느새 외로움으로 변해간다. 가족들에 대한 그리움으로 눈물까지 흘리는 경우도 있다. 더욱 심한 경우에는 매사에 의욕이 없어지는 우울증 증세까지 나타난다.

부인과 자녀를 보내고 외로움을 견디다 못해 저지른 외도로 이혼을 하게 된 뒤 그 괴로움에 자살을 한 기러기 아빠에 대한 뉴스, 텅 빈 집에서 불규칙한 생활과 부실한 식사로 건강을 해치다가 돌보아 주는 이 없이 갑작스러운 죽음을 맞이한 가장에 대한 기사 등 '기러기 아빠'는 또 하나의 사회 문제로도 인식되고 있다. 홀로 한국에서 몸과 마음이 병드는 기러기 아빠. 그들은 자식 교육을 위해 말 그대로 '몸'을 팔고 있는 것이다.

외국으로 자식 뒷바라지를 떠난 아내인들 마음이 편할까? 외롭고 힘들긴 마찬가지 일 것이다. 이러한 거리감은 날아간 기러기 엄마가 아주 훌훌 날아가 버리는 양상을 빚기도 한다. 지난 해 모 방송사에서는 캐나다 현지 촬영을 통해 기러기 엄마들의 일상과 외도현장을 보도했다. 4년째 밴쿠버에 살고 있는 한 기러기 엄마의 '3년 동안 3명의 교민남자와 교제'한 사실과 한국인이 많이 모이는 카바레와 골프연습장에서 남녀가 짝을 이뤄 외도하는 현장 등을 전했다. 물론 일부의 이야기겠지만 서글픈 현실이다.

한 가지 놀라운 사실은 한국 남자들 스스로가 불쌍한 '기러기 아빠'를 자초한다는 것이다. 치맛바람으로 유명한 한국의 엄마들이 아빠를 등 떠밀 것 같지만 기러기 가족에 관한한 그 결정은 아빠의 의사가 가장 크게 작용한다고 한다.

그 일면에는 자신의 어려웠던 어린 시절에 대한 보상심리도 있다. 내 자식에게 만큼은 나보다 더 좋은 환경에서 공부시키고 싶은 마음, 내가 못 이룬 꿈을 대신 이루어주길 바라는 마음 때문이다. 사실 한국의 교육 현실이 좀 삭막한가? 내 귀엽고 소중한 자식이 중학교, 아니 초등학교 때부터 학원을 전전하며 한밤중까지 공부를 하고도 뒤쳐질까봐 전전긍긍해야 한다는 사실을 누구보다도 잘 알고 있기 때문이다. 이런 생각들이 대한민국의 아버지들로 하여금 기러기 아빠가 될 결심까지 하게 만든다. 따지고 보면 자신이 자처한 일이니 기러기 아빠들은 어디 가서 마땅히 하소연을 하기에도 겸연쩍을 것이다.

45세 사업가 L씨는 3년째 기러기 생활을 하고 있다.

"무척 서글프고, 가족들이 그립고 눈물도 많이 나고, 믿으실지 모르지만 가족이 그리워서 뜬눈으로 밤을 지새운 적도 있어요."

48세 5년째 기러기 아빠인 교수 K씨도 말한다.

"저도 기도할 때 울면서 기도하지요. 옛날에는 눈물 한 방울 안 흘린다고 사람들이 나보고 독하다고 했는데, 아이들 생각하면 눈물도 나고 그래요. 많이 보고 싶지요. 기러기 아빠가 제일 싫은 날이 토요일 이예요. 일요일은 교회 가서 보내면 되는데 토요일은 참 애매해요. 다른 친구들과 어울리려 해도 그들은 가족과 같이 지내야 하니까 어울리기도 그렇고……"

기러기 아빠가 된지 2년 3개월째인 회사원 K씨는 우울증 증세까지 보였다고 한다.

"가족들과 함께 살 수 있는 날을 기다려요. 퇴근 후 또는 주말에 함께 해야 할 가족의 빈자리가 너무 크게 느껴졌습니다. 빈집에 들어가는 게 너무 싫어서 없는 일도 만들어 회사에 오래 남아 있기도 했죠. 근 1년간은 그 허전함의 정도가 너무 심해서 무척 고생했어요."

이렇게 외로움을 겪고 마음고생을 하면서도 남자들은 여자들과 달리 자신을 드러내거나 표현하려하지 않는다. 여자들이 백화점 문화센터 같은 곳에서 수강생으로 만나 쉽게 친구가 되고, 같은 아파트 라인 주부들이 모여 하루 종일 수다를 떨고 하는 것과는 대조적이다. 지금까지 남자들은 사회적 성공을 좌우하는 공적인 관계에만 신경을 썼기 때문에 고민을 드러낼 수 있는 관계를 만드는 데는 익숙하지 않기 때문이다. 그래서 많은 기러기 아빠들이 일에 몰두함으로써 외로움을 극복하려 노력한다. 하루의 70%를 회사에서 보내는 이들도 있다. 24시간의 70%이라면 16.8시간인데 잠자고 먹고 하는 시간 외에 대부분을 회사에서 보낸다는 얘기다.

기러기 가족은 보통 일 년에 두세 번 재회한다고 한다. 그 정도로 관계가 유지되는 것이 가능할까? 남편과 아내의 관계, 아버지와 자녀의 관계. 처음 얼마동안은 떨어져 지냄으로 인해 서로에 대한 애틋한 감정과 소중함을 느낀다고 한다. 자녀를 위해 희생하고 있음을 인식해 서로가 서로에게 동정심과 동지애를 느끼는 것이다. 친밀감이나 정은 아니지만 안쓰러움과 애틋함 같은 감정이 새로이 생기게 된다. 하지만 상대에 대한 그리움과 아쉬움도 시간이 지날수록 바래진다. 눈에서 멀어지면 마음에서도 멀어진다고 하는 말이 괜히 나온 말일까? 서로 다른 문화권에 살면서 생각과 의식의 차이도 생긴다. 가끔씩 만나는 부부에게는 대화를 나눌 공통된 주제도 없고, 자식과도 사고방식에서 차이를 느끼게 되어 점점 공감대를 상실해 가기 마련이다.

설사 아이들이 유학을 통해 성공적인 결과를 가져온다고 한들 나와 아내가 병들고 죽거나, 가족 간에 더 이상의 공감대가 없어진다면 무슨 소용이 있을까?

기러기 아빠와 관련된 이야기와 뉴스 기사 등을 볼 때면 종종 세상에서 참 불쌍한 곤충이라 동정했던 수사마귀가 떠오른다. 수사마귀는 암사마귀와 교미를 한 뒤 암사마귀에 의해 머리가 잘린다. 암사마귀는 그 머리를 먹고, 남은 수사마귀의 몸뚱이는 암사마귀가 곧 잉태할 새끼의 식량으로 쓰인다. 남김없이 희생되는 수사마귀의 일생은 '기러기 아빠'의 그것과 많이 닮았다. 그리고 보면 한국 남자들은 참 불쌍할 만큼 착하다.

chapter 4

아이 앰 싱글 대디

얼마 전 혼자서 아들 둘을 훌륭하게 키워낸 50대 여성을 만날 기회가 있었다. 흔히 하는 인사로 "이제 아이들 혼인시키고 손자 볼 일만 남으셨네요." 라고 말했다가 의외의 답변을 들었다.

"글쎄요, 결혼까지는 못 말리겠지만 자식 낳는 일은 말리고 싶어요."

이런 여성이라면 누구 못지않게 아들에 대한 자부심과 애착이 강할 텐데, 뜻밖의 대답에 순간 당황했었다. 그러나 나 역시 혼자의 몸으로 아들을 키우다보니 '아, 그녀도 척박한 환경에서 일을 하면서 두 아이를 키우는 싱글 맘의 혹독한 시련이 있었겠구나.' 하는 생각에 그녀를 이해할 수 있었다.

이혼을 하는 부부가 늘어나면서 한동안 싱글 맘(Single Mom)

에 대한 이야기가 쏟아져 나왔다. 혼자가 된 뒤 홀로 아이를 맡아 키우며 경제생활까지 책임져야 하는 힘겨운 엄마들의 이야기들은 싱글 맘의 문제가 그저 개인적인 문제는 아니라는 주장도 나오게 했다.

그러나 요즘은 경제적인 이유로 가출하는 주부도 늘어나고 있고, 예전과는 달리 이혼 후에 자녀 양육을 거부하는 엄마도 적지 않다고 한다. 이혼을 하더라도 남자의 경우에는 배우자감의 부족, 경제적인 이유 때문에 홀로 남아있는 경우가 많은 데 비해, 상대적으로 여성은 재혼하는 경우가 많다고 한다.

그러다보니 요즘은 싱글 대디(Single Daddy)의 모습이나 이야기도 자주 들려온다.

통계청에 따르면 이혼과 아내의 가출 등으로 남자 혼자 아이들을 키우는 싱글 대디 가정이 2000년 22만 4,572가구에서 꾸준히 늘어나 지금은 24만이 넘는 가구가 싱글 대디 가정이라고 한다. 이는 어디까지나 공식적인 수치이고 통계에 잡히지 않는 경우까지 합하면 훨씬 많다는 게 전문가들의 추정이다.

'싱글 맘' 못지않게 '싱글 대디'도 우리 사회의 심각한 문제이다. 싱글 맘이 주로 경제적 문제로 고통 받고 있다면, 싱글 대디는 그뿐만 아니라 가사, 자녀 양육, 교육 등 적응하기 힘든 새로운 역할 때문에 경우에 따라서는 싱글 맘보다 더 큰 어려움을 겪고 있다. 어느 한 싱글 대디는 열심히 한다고는 하는데 살림이며 음식이 영 시원찮아 아이들이 점점 여위는 것 같아서 걱정이고, 엄마가 급식당번을 해야 한다는 가정통신문이 날아와 해결책을 찾느라 한동안 끙끙 앓기도 한다고 한다.

별로 어려워 보이지 않았던 살림과 육아, 교육 등의 문제가 막상 마주하면 여러 가지 생각지도 못한 걸림돌들이 발생하는 것이다.

경우에 따라서는 직장을 잠시 관두고 육아와 가사에 전력을 다하기도 하지만 정보를 공유할 수 있는 데이터베이스도 워낙 적은데다가 드러내놓고 도움을 구하기도 어려운 실정이다.

뿐만 아니라 싱글 대디는 경제적 어려움, 가사 양육 등 낯선 역할에서 오는 어려움뿐 아니라 사회적 편견과도 치열하게 싸우고 있다. 우리 사회는 무의식 중에 엄마가 아이를 홀로 키우는 것보다 아빠가 홀로 아이를 키우는 것에 대해 더한 편견이 있다. 남자가 혼자 아기를 안고 지하철이라도 탈라치면 주변 사람들의 시선은 묘하게 변한다. 엄마는 어디 갔냐? 할머니라도 없냐는 질문, 그리고 나면 측은하게 바라보는 동정의 눈길.

특히 사별이 아닌 이유로 싱글 대디가 된 경우는 '무슨 잘못을 얼마나 했으면······' 이라는 편견과 차가운 시선에서 자유롭지 못하다.

아내의 불륜으로 이혼한 J(41)씨는 얼마 전 충격을 받았다. 초등학교에 다니는 딸의 친구들이 놀러오면 '엄마 있는 집' 아이보다 더 잘하려고 최선을 다했건만 한번 다녀간 친구들이 다시는 놀러오지 않는 것이었다. 그 집 부모들이 '아빠만 있는 집'에는 놀러가지 못하게 막았다는 것이다. 요즘 세상이 워낙 흉흉해서 그런 것이겠지만 J씨는 뭔지 모를 억울함과 아이들에 대한 미안한 마음에 하루 종일 우울했다고 한다.

또 다른 싱글 대디 L씨(40)씨는 이사를 하면서 불쾌한 경험을 했다. 전세를 얻던 중 거의 성사 직전에 주인으로부터 거부의사를 들은 것이다. 아이를 혼자 키우는 아버지라는 이야기에 집주인은 '혹시 아이를 버리고 도망가지 않을까?', '살림을 게을리해서 집을 지저분하게 사용할 것이다.' 라는 이유로 그를 받아들이기 꺼려했다는 것이다.

사회로부터 인정과 일부 도움도 받는 싱글 맘과 달리, 싱글 대디의 경우는 주거 공간 확보도 쉽지 않은 실정이다.

우스갯소리로 '한집 건너 한집이 이혼하는 시대' 에 살고 있는 우리들에게 더 이상 이혼이 남의 일도 아니고 싱글 대디 역시 남의 일이 아닌데, 사람들의 시선은 편견에 차 있고 사회적 관심과 지원은 기대하기 힘든 형편이다.

이제 우리 사회도 가족 구성 형태가 많이 바뀌고 있다. 특히 이혼률 증가와 함께 '한 부모 가정'도 급속히 늘고 있는데, 그 증가추세와는 달리 사회적인 인식은 아직 거기에 미치지 못하고 있는 것 같다. 조금 다른 얘기겠지만 미국은 이혼가정 아동들의 학업성취도가 더 높게 나타난다고 한다. 이는 아이들이 부모의 이혼을 바르게 인식하고 헤어진 부모나 앞으로 다가올 환경의 변화에 대해 충분히 대처해 나간다면 더 긍정적인 결과를 가져올 수 있다는 것을 의미한다. 실제로 한 부모 가정은 배우자와의 이혼이나 사별 등으로 심리적인 갈등상태에 놓여있는 것이 사실이지만, 이러한 갈등상황은 1,2년 안에 거의 사라지고 가족의 지지와 노력으로 현실에 적응해 나가는 경우가 많다.

이혼이 자랑은 아니다. 그러나 누구도 "내 사전에는 이혼도 사별도 없다!"라고 단언하진 못한다. 그렇다면 한 부모 가정도 대가족, 핵가족, 입양가족, 무자녀가족, 재혼가족 등과 마찬가지로 다양한 가족구성의 하나라는 것을 인정하고 받아들여야 할 것이다.

chapter 5

목성에서 온 중년 남자

한동안 제3의 성(性)이란 말이 유행이었다. 대한민국에는 여자와 남자, 그리고 '아줌마'라는 세 가지 성별이 있다는 우스갯소리였는데, 여자이지만 더 이상 여자답지 않은 억세고 뻔뻔한 아줌마들에 대한 비웃음이 담긴 농담이었다. 아줌마인들 뭐 그렇게 되고 싶어서 그렇게 되었을까. 그저 남편과 자식들만 위하느라 자신은 뒷전이고 빠듯한 형편에 어떻게든 살아보려고 발버둥 치다보니 억세고 뻔뻔해질 수밖에 없었을 테지만 세상은 그녀들에게 호의적이지 못했다. 그런데 이제 이런 이야기가 더 이상 아줌마들만의 이야기는 아닌 것 같다.

회사원 K씨는 얼마 전 지하철에서 성추행범으로 오해받는 황당한 일을 겪었다.

복잡한 와중에 옆에 서 있던 아가씨가 몸을 이리저리 피하더니, 결국은 그를 흘겨보고 "아저씨, 왜 이래요!"라고 소리를 친 것이다. 주변 사람들의 시선은 일제히 그의 얼굴에 꽂혔고, 순간적으로 당황한 그는 어이가 없어 말을 잇지 못하고 얼굴만 빨개졌다고 한다.

간신히 마음을 가다듬은 그가 "전 아무 짓도 안했습니다. 전철이 너무 복잡해서 그래요. 아무튼 미안합니다."라고 정중하게 말하자 더 이상의 소란은 없었지만, '어쩜, 나이도 먹을 만큼 먹은 사람이 왜 저래?', '역시 나이든 남자들은 뻔뻔하고 능글맞아. 변태, 속물아!' 하는 무언의 외침들이 사방에서 들리는 듯 했다고 한다.

그렇게 그날의 억울한 사건은 일단락되었지만 그 뒤로도 K씨는 지하철만 타면 그때의 경험이 떠올라 혹시라도 주변에 여자가 있나 신경을 쓰게 되었다고 한다.

회사에서도 마찬가지다. 공연히 말 한마디 잘못했다가는 음흉한 중년의 직장 상사가 될 수 있기 때문에 특히 여직원들에게는 말조심, 행동조심이다.

이러한 이야기는 비단 K씨뿐만 아니라 중년의 남자라면 한번쯤 겪어봤을 것이다. 요즘 직장이고 사회고 정치권이고 성추행 문제가 워낙 비일비재하게 일어나다보니 그런 것이겠지만, 나이 드는 것도 속상한데 종종 도매금으로 뻔뻔하고 느물거리는 중년 남자 취급을 받는 것은 참 억울하기 짝이 없는 일이다. 나는 아직도 멋진 남자이고 싶은데 세상은 나를 배나오고 머리 빠지기 시작하는 능글맞은 아저씨로 보는 것이다.

집안에서라고 별로 다를 것은 없다. 아내와 나는 이미 서로를 여자나 남자로 보지 않는 듯하다. 그저 엄마 아빠로만 살고 있는 것이다.

부부 생활도 예전 같지 않아 가끔은 아내에게 눈치까지 보이니 예전의 힘이 넘치던 나는 어디로 갔는지 모르겠다. 남자로서의 내 자신감마저 이대로 사라지는 건 아닐까 걱정스럽기까지 하다. 아내의 샤워소리에 심장이 철렁했다는 우스갯소리나 고개 숙인 남자라는 말이 더 이상 남의 이야기만은 아닌 듯싶다.

밖에서는 시도 때도 없이 엉큼한 생각만 하며 정력에 좋은 음식이나 찾아다니는 느끼한 중년남자로 오해받고, 안에서는 겨우 의무방어전이나 치르는 고개 숙인 중년남자 취급을 받으니, 아 정말 내가 어쩌다 이렇게 됐나 한숨이 나올 때가 한두 번이 아니다.

나는 이제 남자도 여자도 아닌 제3의 성(性), 아저씨인 것이다.

하지만 나는 아직도 순수하고 멋진 감성을 지닌 남자인데 세상이 나를 몰라준다고 탓하기 전에 나의 모습을 한번 돌이켜 보자. 나이가 들어서 불가항력으로 변하는 외모는 제쳐두고라도 내 행동에는 뭔가 변화가 없었는지 확인해 보자. 사실 나이가 들면 점점 부끄러움이 없어지는 것은 사실이다. '다른 사람이 나를 어떻게 보는가?' 보다는 '내가 얼마나 편한가?' 가 더 중요하게 느껴지니까 말이다. 다른 사람들과 함께 식사를 할 때 불어난 뱃살을 핑계로 허리띠를 풀어놓고 밥을 먹지는 않았는지, 사무실 의자에 기대 입을 '하~' 벌리고 자지는 않았는지, 아내 앞이라고 너무 편한 자세로 식사하며 방귀나 뿡뿡 뀌지는 않았는지, 불의를 보면 꾹 참고 강자에게 비굴하고 약자에게 군림하지는 않았는지 한번 생각해 보자.

중년이 되면서 푸근하고 편안하고 여유로워 보이는 것은 좋은 것이다. 적당히 때가 묻어 세상사는 논리가 어떤 것인지 아는 것도 좋은 것이다. 그렇지만 그 편함과 노련함이 다른 사람에게 뻔뻔함이나 불쾌감으로 느껴져서는 안 될 것이다.

청년 시절에 그랬던 것처럼 순수하고 순진하게 살아갈 수만은 없다. 중년에게 순진은 어울리지 않는다. 순진하다는 말은 어린 사람들에게나 어울리고 미덕이 될 수 있는 말이다. 하지만 순수할 수는 있다. (순수의 사전적 의미는 '잡것의 섞임이 없는 것', '사사로운 욕심이나 못된 생각이 없는 것'이다. 하지만 순진은 '마음이 꾸밈이 없이 순박하고 참됨', '세상 물정에 어두워 어수룩함'이다.) 순수하다는 말은 주관이 뚜렷하고 자신의 가치관이 분명하되 거짓 없고 깨끗하다는 의미이다. 순수는 나이가 들어서도, 늙어서도 가질 수 있는 덕목이고 그래서 그 사람을 더욱 멋지게 해줄 수 있다.

중년의 남자들이여, 자신의 마음을 들여다보자. 그 동안 애써 외면하고 있었지만 아직도 마음 한 구석에서 빛나고 있는 당신의 순수한 감성과 정신을 만날 수 있을 것이다. 그리하면 아름다운 음악과 시, 풍경에도 감동하고, 아내와의 가슴 설레던 추억에 웃음을 짓게 될 것이다. 예전과 같은 열정적인 감정은 아니더라도 아내와 함께 서로의 여성과 남성을 찾아볼 수도 있을 것이다. 순수해진 당신은 더 이상 기름만 잔뜩 낀 중년의 아저씨가 아니라 멋진 로맨스그레이가 되어있을 것이다.

중년은 추할수도 있고 멋스러울 수도 있는 시기이다. 그리고 그 몫은 각자에게 달려있다.

chapter 6

슈퍼맨은 없다

어젯밤 우리 아빠 엄마

부부싸움에 잠을 잘 수가 없네.

요리조리 따지시는 우리 엄마

아빠에게 뭐라고 쉴 새 없이 따다다 다다다다

변명도 제대로 못한 우리 아빠

무슨 잘못하신 게 아닐까 걱정이네

무서운 우리 엄마 뭐가 불만이실까

엄마가 필요한건 혹시 슈퍼맨

90년대 한참 인기를 끌었던 댄스곡 「슈퍼맨의 비애」의 가사

일부분이다.

발표 된지 10년도 넘은 곡이지만 지금도 여전히 공감이 가는 것은 그때나 지금이나 남성에 대한 기대치나 요구사항이 너무 많기 때문 아닐까?

얼마 전 인터넷에서 '아내들이 요구하는 남편상'이란 우스갯소리를 읽었다.

아내의 명령에 복종하는 충성심 강한 ....돌쇠

일하고 돈 벌 때는 개미처럼 부지런한 ....바당쇠

아내의 단점이나 잘못은 절대 말하지 않는 ....자물쇠

아내의 마음이 닫혀 있을 때는 언제나 활짝 열어주는 ....만능열쇠

모진 풍파에도 끄떡없이 가정을 지키는 ....무쇠

아내가 아무리 화를 내고 짜증을 부려도 그저 둥글둥글 ....굴렁쇠

아내와 대화할 때는 부드럽고 감미로운 수액의 ....고로쇠

친구들과 밖에서 어울릴 때는 돈 한 푼 안 쓰는 짠돌이 ....구두쇠

아내가 울적할 때 달콤한 노래로 달래주는 ....이문쇠 (?)

그리고 밤에는 언제까지나 ....변강쇠

아내들의 깜찍한 욕심에 실소를 금치 못하면서도 한편으론 이

것 역시 슈퍼맨을 요구하는 아내들의 욕망을 절묘하게 표현한 것이 아닌가 싶어 씁쓸하기도 했다.

남자들이 비단 아내에게서만 이런 요구를 받는 것은 아니다.

직장에서는 치열한 경쟁 속에 시간과 건강을 바쳐가며 일에 몰두해야 하고, 새벽이나 주말에는 영어 강좌나 자격증 학원 등을 다니며 뒤처지지 않기 위해 공부에 매달리고, 모처럼 가정으로 돌아오면 아이들과 놀아주는 다정한 아빠에 아내와 함께 와인 잔 정도는 기울일 줄 아는 멋진 남편, 부모님에게는 용돈은 물론 여행도 보내드리고 자주 찾아뵙기 까지 하는 효자 아들이 되어야 한다.

그 많은 역할들을 골고루 온전하게 수행해야 하며, 어느 것 하나 포기할 수도 없다.

하지만 모든 역할에 충실할 수 있을까?

하인즈 워드의 어머니 김영희씨의 삶은 여기에 대한 좋은 사례를 보여주고 있다. 그녀는 '어머니'로는 성공했다. 그러나 딸이나 아내로서는 그렇지 못했다. 오로지 자식 하나만을 위해 30대와 40대를 살았고, 50대를 지나 60자리에 앉았다. 얼핏 보면 실패한 게 많거나, 건진 것 없는 삶을 산 것처럼 보이기도 한다. 그러나 그녀는 결코 실패 한 것이 아니다. 그녀에게 주어진 상황에서 모든 역할을 다 완벽히 수행할 수 없었기에 그녀 나름의 최선의 '선택'을 한 셈이었다. 그녀는 이러한 선택의 결과로 '자식의 성공'이라는 보상을 받았다.

열심히 인생을 살아온 대가, 즉 보상은 여러 가지 형태로 돌아온다. 스스로 보상받기도 하지만 어떨 때는 배우자나 자식, 손자에게 돌아갈 수도 있다. 이 모든 보상을 자기가 받아야 한다고 생각하면 고민과 갈등이 생기고 바빠진다.

절대 조급할 필요 없다. 설사 보상이 따르지 않는다 해도 섭섭해 하지 말자. 자랑스럽진 않아도 부끄러울 것도 없는 삶을 살았지 않는가.

야구에는 '3할대 타자'라는 게 있다. 3할 이상만 치면 강타자라는 말인데 우승이나, 홈런왕 같은 거대한 목표보다 소박하지만 구체적이고 현실적이다. 우리의 목표도 이처럼 현실적이어야 한다.

자신이 맡고 있는 모든 역할에서 퍼펙트를 기록하려고 하기보다는 한두 가지 역할이라도 선방했다는 생각을 해볼 필요가 있다. 중년이 갖는 딜레마 중에 한 가지는 너무나 많은 역할을 강요받고 있는 것이다. 남편으로, 상사로, 부모로, 자식으로 정신없이 오락가락하게 되는 것이다. 게다가 자신이 맡은 역할 모두에 성공하고 싶어 하는 사람이라면 문제는 더욱 복잡해지고 실패에 가까워 질 것이다. 자식으로 부모로 직장인으로 가장으로 다 성공하기는 힘들다. 그중 하나만 성공해도 어딘가? 세상에 슈퍼맨은 없는 법이다.

chapter 7

먹어보기 전엔 알 수 없는 맛

나는 나이에 비해 흰 머리가 많은 편이다. 좀 일찍 머리가 세어진 편이라 보통 내 나이보다 몇 살은 더 많게 보는 편이다. 염색을 해보기도 했지만 뜻밖에 사람들이 머리가 하얀 편이 더 보기 좋다고 해서 이젠 그냥 그대로 놓아둔다.

나이 들어 보이는 것을 누가 좋아하겠는가마는, 이 흰 머리는 나름대로 멋진 중년처럼 보일 수 있는 계기가 되었다. 머리 희끗한 중년 남자가 청바지에 배낭을 메고 다니니 다들 나를 뭔가 특별한 마인드를 지닌 멋쟁이로 보는 것이다.

내가 이어폰을 꽂고 거리를 걸으면서 음악을 듣는 모습을 본 젊은 친구들은 한결같이

"어쩜 그리 젊게 사세요? 나이답지 않게 이런 음악도 들으세

요?"하며 감탄을 하곤 한다.

그런 소리를 듣는 나야 물론 기분 좋지만, 한편으로는 젊은 사람들이 나이 든 사람들에 대해 어떤 오해를 하고 있는 것 같아 서운하기도 하다. 하긴 나도 그들 나이 때에는 마흔 넘고 쉰 넘은 사람들은 무슨 낙으로 사나 하는 생각을 했던 것 같다. 하지만 막상 살아보니 나이를 먹는다는 게 나쁘기만 한 것은 아니었다.

중년도 젊은이들 못지않은 감성을 가지고 있고, 좋은 음악 듣고 영화 보면서 설레기도 하고 감동하기도 한다. 아니 오히려 더 폭 넓게 보고, 듣고, 느낀다. 주름살만 깊어지는 것이 아니라 생각도 깊어지고, 마음은 더 둥글어지는 것 같다. 인생의 깊은 맛도 느끼게 되고 다른 사람에게도 성숙하고 속 깊은 느낌을 주기도 한다.

언제부턴가 몇 년 삭은 김치를 삼겹살이나 감자탕에 접목시킨 메뉴가 큰 인기를 끌고 있다. 보기만 해도 시큼한 묵은 지가 이렇게 인기를 끌 줄은 아무도 몰랐을 것이다. 금방 무친 싱싱한 봄나물이나 풋풋한 겉절이도 좋지만, 그 맛은 잘 익은 김치와는 감히 비교할 수 없다. 묵은 김치에는 조미료로 단번에 흉내 낼 수 없는 시간이라는 맛과 영양이 더해졌기 때문이다.

중년을 푹 곰삭은 김치에 비유하는 것도 이처럼 오랫동안 익혀온 맛과 영양, 즉 중년이 가지고 있는 플러스 알파와 닮았기 때문일 것이다. 시간이 흐르고 나이가 들수록 설자리가 줄어드는 것 같다고 여길지 모르겠다. 하지만 우리의 자리는 조금 옆으로 옮겨갈 뿐이다.

활기찬 풋내보다는 세월의 향기와 노련함으로 승부해야 하는 시기가 된 것이다. 주름진 얼굴을 보며 지나가 버린 시간을 아쉬워하고 한숨을 쉴 필요는 없다.

흔히들 젊음이 아름답다고 하지만, 돌이켜 보면 아름다운 것은 우리 기억속의 추억일 뿐이다. 사실 청춘을 통과하는 시절에는 불안한 미래와 수많은 시행착오, 그리고 열정 때문에 힘겹고 고통스럽다. 어쩌면 나이를 먹는다는 두려움이 젊음을 더 아름답게 미화하고 끊임없이 그리워하도록 하는지도 모르겠다. 이제 젊음에 대한 환상에서 깨어나자. 젊음은 아름답고 강하지만 짧고 변덕스러운 반면, 중년은 지루하고 조용하지만 깊이 있고 지속적이다.

당신에게 조언을 구하는 후배들, 당신에게 일과 책임을 맡기는 직장, 당신에게 사랑과 의지를 구하는 가족들. 그들이 당신에게 원하는 것은 무엇이고, 당신이 잘 할 수 있는 것은 무엇인가?

사회가 중년의 우리에게 원하는 것은 2,30대의 패기나 체력이 아니다. 우리가 가지고 있는 지혜와 배려를 원하는 것이다. 세월이 주는 힘과 통찰력이 필요한 것이다. 번잡하고 복잡한 많은 것들 중에서 정말 중요한 것을 찾아내는 것, 허황된 것과 진실로 중요한 것을 가려내는 것, 이런 중년의 힘을 원하고 있다.

얼마 전 이사를 하다가 오래된 상자를 하나 발견했다. 창고에 두어 곰팡이 냄새가 퀴퀴하게 나는 과거의 내 물건들이 담긴 상자였다. 뚜껑을 열자 매캐한 먼지 사이로 익숙한 책과 노트들, 내 청춘의 기억들이 하나 둘 고개를 내민다.

시간 가는 줄 모르고 그것들을 하염없이 뒤적였다. 앞날에 대한 기대와 고민으로 가득한 일기, 감동받은 음악과 책, 영화에 대한 메모, 지나간 내 사랑에 대한 들뜬 기록, 이십대와 삼십대의 빛나는 기억들. 사십년 동안 숨 가쁘게 달려오면서 잊고 지냈던 것들이었다. 하지만 그 순간 '아, 나는 이렇게 꽉 찬 인생을 살았구나. 비록 남 보기엔 아무것도 아닌 것처럼 느껴질지 몰라도 내 시간은 이렇게 열정과 도전과 많은 일들로 가득 차 있었구나.'라는 것을 느끼게 되었다.

한편으론 웃음도 났다. 지금 생각해보면 별일도 아닌 일에 나는 이렇게 발을 동동 굴렀구나, 무엇이 진정 급한 것인지 몰라 실수도 많이 했구나, 너무 욕심을 부리다가 다른 중요한 것들을 놓쳤구나, 반드시 해야 할 일들을 소홀히 하고 게으름을 피웠구나! 등의 생각들 때문이었다.

당신에게도 이런 상자가 있을 것이다. 이사할 때마다 미처 버리지 못했던 과거의 흔적들 말이다. 그런 상자가 있다면 당신은 굉장한 자산을 가졌다고 믿어도 좋다. 그 속에는 당신의 꿈과 감성이, 사랑의 기억들, 미래를 위한 도전과 노력, 그리고 실패의 거울이 가득할 것이기 때문이다.

그 상자는 중년의 당신에게 세월이 준 선물이다. 눈엔 보이지 않은 깊은 맛을 눈앞에 생생히 보여주는 선물이다. 그리고 누구도 뺏어갈 수 없는 당신만의 온전한 재산인 것이다.

당장이라도 책을 한 권 쓸 수 있을 만큼의 인생이 큰 자산으로 남아있는 것이다. 아니, 중년의 당신은 이미 한권의 책이다. 그러나 아직 그 책은 완결되지 않았다. 아직은 그 뒤의 이야기가 많이 남아있다.

중년 이후의 더 멋진 이야기들이 가득한 책을 만들기 위해 이제 나를 들여다보고, 내가 가진 힘이 무엇인지를 알고, 진정 내 인생에서 중요한 것들을 찾기 위한 나에게로의 여행을 떠날 때이다.

두 번째 클라이맥스를 위한 7가지 준비물

PART 2

chapter 1

40대의 주판으로 40대를 셈하라
-주판

사십대는 향수병을 앓고 있는 세대다.

불과 몇 년 전인 30대 시절에 대한 극심한 향수에 시달린다. 이러한 향수가 심하면 심할수록 '40 증후군'을 깊이 앓으며 이 병에서 헤어나지 못한다. 사십대의 자신이 더 이상 젊지 않다는 점을 자각하면서 결코 세상과 타협하지 못하는 이런 사람을 '세대 지체아' 정도로 불러도 될 것이다.

객관적으로 볼 때 사십대는 문제 삼을 부분이 별로 없는지도 모른다. 단란한 가정을 꾸리고 자녀들의 성장과 직장에서의 안정, 완숙해져가는 인생 등 무엇 하나 문제가 될 것이 없는 것처럼 보인다. 그러나 스스로들 생각하는 사십대는 판이하게 다르다.

상당수의 사십대 남자들은 자신들이 불행하다고 생각한다. 30

대에 비해서는 젊음이 모자라고 50대에 비해서는 여유와 경륜
이 부족하다고 느끼며 스스로를 어정쩡한 상태라고 생각하는 것
이다. 그러니 나이에 민감하고 피해의식도 강하다. 늙지도 젊지
도 않으니 불안하다고 느끼는 것이다.

'내 인생은 다 어디로 갔나? 나는 지금 제대로 가고 있는 걸
까? 나는 어떻게 될 것인가?'

벌써 인생에 대한 감가상각과 보상 문제를 따지기 시작한다.
막연한 불안감과 회복할 수 없을 것 같은 상실감마저 느낀다.

밀쩡할 것 같은 사십대가 심한 마음고생을 하는 이유는 '30대
의 그늘' 때문이다. 빛나는 30대, 주목 받고 자신의 성과가 가장
찬란하게 발휘되던 30대가 찬란하면 찬란할수록 사십대의 후유
증은 더 심해진다.

흔히 하는 말로 "내가 왕년에~"라는 말이 있다.

30대 시절의 나는 패기 넘치고 열정적이고 빛났던 것 같다.
밤새 일을 해도 끄떡없었고 여자들에게도 그럭저럭 인기가 있었
으며 머리도 팽팽 돌아갔다. 소위 '잘나갔다'는 생각도 든다. 그
시절이 정말 장밋빛이었든 아니었든 중년의 남자라면 누구나 기
억 속의 그 시절이 지금보다 훨씬 좋았다고 생각한다. 하지만 한
가지 재미있는 사실은 30대 때 우리는 또 20대의 순수와 젊음을

그리워했다는 것이다. 마찬가지로 50대의 우리는 다시 40대의 원숙한 멋과 힘을 아쉬워하게 될 것이다.

지나간 것은 추억이라는 이름으로 훨씬 아름답게 채색되는 법이다. '왕년'이라는 달콤한 과거의 추억에 빠져 지금을 너무나 쓰디쓰게만 보내고 있는 것은 아닐까? 당신의 역사는 자랑하고 추억하기 위한 것이 아니라 지금의 당신을 더 발전시키기 위한 지혜로 존재해야 하는 것이다.

가장 가치 있는 발전은 어제의 나보다 나아지는 것이라고 한다. 당신의 과거를 그저 껴안고 있지 말고 당신의 과거와 경쟁을 해보자. 자신의 과거와의 경쟁은 적을 만들지도 않고 열등감에 빠지지도 않으면서 스스로 나아지는 가장 좋은 방식이다.

한 기업의 부장으로 있는 45세의 J씨는 요즘 열등감에 빠져서 괴로워하고 있다. 바로 아래에 있는 과장한테 자꾸 신경이 쓰이는 것이다. 30대 중반인 그는 영어도 능통한데다 컴퓨터 다루는 것도 수준급에 운동을 해서 체격도 좋고 체력도 좋다. 신세대적인 젊은 감각으로 일 처리도 빠르고 아이디어도 반짝이며 자신과는 달리 윗선의 눈치도 많이 보지 않는 것 같다. 이러다가 후배들에게 밀리는 것은 아닌가 하는 불안감에 은근히 견제를 하기도 하는데 그가 잘하는 분야에서 그를 따라잡기엔 역부족이다. 결국 매번 뒷북만 치다가 자기 페이스를 잃어버린 J씨는 회사에서 입지가 더욱 좁아졌다.

참 안타까운 노릇이 아닐 수 없다. 왜 체급이 다른 선수를 자기와 비교하며 괴로워하는가. 그와는 해야 할 몫이 다르고 장점이 다르다. 무리한 경쟁은 아무런 도움이 되지 않는다. 나는 나의 페이스를 지키며 한 발짝씩 매일 발전해나가면 된다.

젊은 사람들과 쓸데없는 밥그릇 경쟁을 하지 말자. 그렇다고 그들에게 세상을 다 넘겨주라는 것은 아니다. 그들과 당신은 시점이 다르다. 지금 그들이 팽창하는 시점이라면 당신은 단단해지는 시점이디. 이느 것이 너 좋다고 할 수 없는 그저 다른 시점인 것이다.

40대는 원숙한 때이고 고유의 가치가 있는 시기이다. 기억력이나 단순 학습 같은 경우는 젊은 사람들보다 떨어지지만 다양한 정보를 취합하고 이를 체계적으로 분석하고 올바른 결론을 도출해내는 능력은 2,30대가 도저히 흉내 낼 수 없는 내공이 쌓여 있음을 명심해야 한다.

넘겨줄 것은 넘겨주고 챙겨야 할 것을 확실히 챙겨라. 그것이 바로 존경받는 선배이자 상사가 되는 길이고 중년의 강박증에서 벗어날 수 있는 길이다. 당신의 경쟁 상대는 젊은 사람들이 아니라 과거의 당신이다. 그리고 2,30대를 바라보던 눈을 동년배의

40대에게로 돌려라. 그 시선 역시 경쟁의 시선이 아닌 관찰과 공감, 정보 수집과 거울로서의 시선이다.

40증후군은 당신만의 문제가 아니라 다른 40대도 겪는 것이다. 그들이 어떻게 그것을 극복하는지, 어떤 식으로 제2의 인생을 준비하며 자신의 경쟁력을 키우는지 잘 살펴보자. 그들을 통해 스스로를 비춰보면 40대를 살아가는 새로운 기준이 생기게 될 것이다.

이제 30대의 주판을 버려라! 자기는 이미 40대에 진입해 있으면서 30대의 주판으로 40대 인생을 셈하려고 하면 틀릴 수밖에 없다. 다른 세대들이 40대를 바라볼 때는 아무 문제가 없는데, 유독 40대 스스로는 문제가 많다고 생각하는 이유는 이처럼 엉뚱한 주판을 사용했기 때문이다. 40대는 40대의 주판으로 셈해야 한다. 그렇게 해야 계산이 틀리지 않고, 비로소 자신을 올바로 평가하고 인생을 예측할 수 있다.

지금 당신의 마음속 계산기를 꺼내 두드려보자.

혹시 40대의 셈법이 아닌 30대의 셈법으로 맞춰져 있지는 않은가? 그래서 항상 당신이 생각했던 것보다 모자란 결과가 나오지는 않았는가?

잘못된 셈으로 가슴앓이를 할 것이 아니라 얼른 당신에게 맞는 주판이나 계산기로 바꾸자. 한결 쉬운 계산, 한결 정확한 결과가 당신의 마음을 가볍게 해줄 것이다.

chapter 2

잔치는 시작됐다
－ 거울

『서른, 잔치는 끝났다』라는 시집이 있었다.

십여 년 전 당시 젊은 여류 작가가 낸 시집이었는데 찬란한 20대가 끝나가는 것에 대한 아쉬움이 담긴 시였다. 그땐 나의 서른 시절을 생각하면서 그 아쉬움과 쓸쓸함을 공감하기도 했지만 한 편으론 겨우 서른 가지고 뭘 그러나 싶은 생각이 들기도 했다. 하지만 10대, 20대, 30대, 40대, 50대, 60대…… 젊고 늙음을 막론하고 세대를 넘긴다는 것은 꽤 심란한 일인 듯하다. 한 가지 재미있는 것은 서른이 되었을 때 결코 잔치가 끝나지 않더라는 것이다.

20대의 정열과 도발, 풋풋함은 사라졌지만 30대의 성숙함과 융통성, 패기는 또 다른 모습으로 30대를 빛나게 했고 자신감을 가지게도 했다. 40대도 마찬가지다. 연륜이나 경륜이 쌓이다 보니 세상을 보는 눈이 보다 신중해진다. 그리고 흔히 속된 말로 삽질이라고 하는 헛수고도 덜하게 된다.

나이를 먹고 점점 늙어간다는 것은 물론 서글픈 일이긴 하지만 그것이 싫다고 해서 가는 세월을 묶어둘 수 있는 것도 아니니 일단 받아들여야 한다. 아니, 나이 들어가는 나와 마주하는 것에 적응해야 한다.

거울을 들여다볼 때마다 자괴감이 느껴지게 하는 당신의 처진 배와 엉덩이, 주름살은 그간 앞만 보고 열심히 뛰었던 삶의 훈장이라고 생각해도 좋다.

지금의 젊은이들이 90년대의 풍요 속에서 자신을 가꿀 때, 당신은 그 풍요를 일궈내기 위해 스스로를 담보로 열심히 달리지 않았는가. 그동안 망가진 자신이 밉다면 그것 역시도 다행이라고 생각하라. 그 기분 역시 당신을 변화시킬 수 있으니까. 지금부터라도 당신을 가꾸면 된다. 타고난 잘생긴 얼굴이 아닌, 우리 나이에 걸맞은 멋진 로맨스 중년이 얼마든지 될 수 있다.

비단 외모뿐만이 아니다. 내 자신이 해왔던 일과 노력, 시간들, 그렇게 해서 얻은 경력과 경륜들은 아무리 능력이 뛰어난 후배나 젊은이들이라도 얻을 수 없는 것이다.

'난 이제 패기가 없어. 체력도 딸리고, 순발력도 떨어졌어.' 라고 신세 한탄하기보다 먼저 지금의 내가 가진 장점을 살펴보자. 그리고 부족한 점은 하나씩 노력해서 변화시켜보자.

'이제 해봤자 뭘 해? 이미 끝난 게임인걸. 내 주제에 뭘 한다고. 다 헛수고지.' 라고 생각하고 있다면 무슨 의욕이 솟겠는가?

당신은 이미 많은 지식을 쌓았고 다양한 경험을 해왔기에 깊은 통찰력과 지혜를 갖추고 있다. 의사결정 능력 또한 최고조에 달해 있다. 그동안 사회에서 자리를 확보하고 가정을 이루느라 미루어왔던 활동을 할 수 있는 시간과 경제적 여유도 갖고 있다.

어려운 것 같지만 생각의 방향만 살짝 바꿔준다면 당신 자신이야말로 스스로 조절할 수 있는 유일한 존재가 아니던가. 중년의 당신, 당신의 블루오션은 바로 당신 자신인 것이다.

그동안 남자들은 내가 원하는 것보다 내가 해야만 하는 것에 맞추어 살아야 한다는 강박관념에 사로잡혀왔다. 미국의 한 정신분석가는 이런 증상을 '슈드 비 콤플렉스(Should be complex)'라고 했다.

'이 나이에 주책이지. 나이 값을 해야지.'

'아직 머리에 피도 안 마른 놈이 건방지게'

'남자라면 이 정도는 견뎌야 한다.'

'여자가 이런 일을 어떻게 하나.'

'가장은 당연히 이렇게 해야 한다.' 하는 생각이 바로 그것이다.

특히 남성들에게, 그것도 젊은 층보다 중년의 남자들에게 이런 슈드 비 콤플렉스는 더 심하게 나타나는데, 이는 어릴 적부터 줄곧 보고 들으면서 길들여져 왔던 생각이라 그것이 마치 외부의 요구가 아닌 자신의 요구라고 착각하고 있기 때문이다. 부모님이 원하는 사람이 되는 것, 사회가 원하는 인재가 되는 것이 자신이 되고자 하는 사람이라고 생각하는 것이다. 그러다 보니 진정 내가 원하는 것이 아닌 삶을 살게 되고 나중에 웬만큼 성공을 이루더라도 왠지 모를 허전함, 공허함을 느끼게 되는 것이다.

지금까지 내 인생의 기준은 과연 무엇이었는지 한번 생각해보자. 타인의 기준, 사회의 강요가 아닌 내가 생각하는 인생의 기준을 말이다.

당신의 부모님, 친구들, 그리고 사회 분위기가 요구하는 대로 그저 시간에 쫓겨 흘러오기만 했다면 이제 뜀박질을 멈추고 조용한 산책을 할 때다. 주위를 둘러보며 여유를 찾고 자신의 내면을 들여다보자.

인생을 살아간다는 것은 결국 끊임없는 '자기 발견'의 과정이다. 자기 자신의 실제 모습을 들여다보기 위해서는 우선 사회가 만든 고정관념이 아닌 자신의 눈으로 사물을 바라보아야 한다. 그렇게 한다면 사소한 장점부터 누구나 인정하는 나만의 내공까지 생각보다 괜찮은, 새로운 나를 발견할 수 있을 것이다.

지금부터 세상의 눈이 아닌 나만의 시각으로 바라볼 수 있는 거울을 하나씩 가슴에 품고 살자. 아니, 실제 거울이라도 괜찮다. 가까이에 거울 하나를 두고 생각날 때마다 비춰보며 나 자신의 장점을 매일매일 재발견하자. 중년의 블루오션, 그 첫걸음은 자기 자신에 대한 긍정적인 성찰로부터 시작한다.

자, 이제 거울 보면서 한번 씨익 웃어보자. 그리고 맘속으로 한번 외쳐보자.

'아직 꽤 쓸 만한걸? 그래 난 아직 죽지 않았다고!'

chapter 3

'나' 라는 남자로 살아가기
- 눈물

영화 「트로이」에서 주인공 헥토르가 그리스 연합군을 앞에 두고 자신의 소규모 정예부대를 향해 이렇게 외치는 장면이 나온다.

"전투에 임할 때 나에게 원칙이 있다. 단순한 원칙이다. 신을 섬기고 내 여자를 지키며 조국 트로이를 사랑하라!"

왠지 모르게 가슴 뭉클하고 비장한 느낌을 불러일으켜 입술을 꽉 깨물게 했던 대목이다.

하지만 절규와도 같은 이 대사가 바로 가부장이고 우리 남성들을 옭아맨 미화된 남성상의 한 단면이다. 이렇게 동서를 막론하고 인간 행동의 근간을 보여주는 신화를 통해서도 우리는 정형화된 남성을 본다.

"사내대장부는 책임감이 강해야 해!"

"넌 큰일 할 사람이야!"

"넌 우리 집의 기둥이다!"

이 땅에 태어난 남자라면 한번쯤은 들어봤거나 해봤을 말들이다. 내가 가장 많이 들었던 말은 '사내는 쫀쫀하지 말아야 한다.'는 말로, 항상 통이 커야 하고 모든 것을 다 할 줄 알아야 한다는 것이었다. 추위를 타지도 겁을 먹지도 울지도 않아야 사내대장부라는 것이다.

구성원의 대다수가 당연한 것으로 여기기 때문에 '사내다움'은 지켜야 할 규범이라기보다는 오히려 타고난 본성으로 간주된다. 그래서 받아들이지 않거나 일탈할 경우 '못난 놈', '나약한 놈' 또는 '비정상'이라는 낙인이 찍힌다. 뭔가 답답하고 불편했었지만 누구 하나 딴죽을 걸지 않았기에 나또한 그것이 절대가치인양 순응하며 살았다.

남자가 느끼는 슬픔의 근원이 바로 이러한 '사내다움' 때문은 아닐까?

내가 좋아하는 여자가 선배와 데이트하는 장면을 목격했으면서도 괴로운 마음을 표현하지 못하는 절망감이라든지, 자취 시절, 용돈이 떨어져 배가 고파도 자존심 때문에 아쉬운 소리 못하고 무리에서 슬쩍 빠져나왔을 때의 자괴감이라든지, 자기보다 잘난 남자들 앞에서 주눅 들지 않으려고 공연한 허세를 부린 뒤 느끼는 허탈감이라든지…… 내 마음과 기분보다는 남자답지 못하게 행동하면 안 된다는 생각에 자신을 억누른 적은 없는가?

대부분의 남성은 다소 차이는 있으나 사내대장부가 되어야 한다는 강박관념을 갖고 있으며, 다른 사람의 눈에 비치는 자신을 의식하면서 살아간다. 아울러 타인보다 우월해야 한다는 강박관념 때문에 성공한 남자, 믿음직한 남자, 대범한 남자라는 인상을 심어주기 위해 자신의 욕망과 개성을 희생하거나 지나치게 과장하면서까지 턱없는 우월감을 갖거나 한없는 열등의식을 갖는다.

더구나 마흔이 가까워지면서부터는 원인을 알 수 없는 불안감이 밀려오는 경우가 많다. 자신의 능력과 한계를 이미 체감하고 있지만 남자로서 가장으로서의 책임감 때문에 약한 모습을 보일 수가 없기 때문이다. 40대가 가련한 이유가 여기에 있다.

흔히 남성 콤플렉스, 사내대장부 콤플렉스라 불리는 이런 모습은 기혼 남성에게서 더욱 뚜렷이 나타난다. 미혼 남성의 11%가 이런 감정을 느끼는 데 반해, 기혼 남성은 89%, 즉 열에 아홉이 남성 콤플렉스에 시달리고 있다.

45세의 회사원 A씨는 능력을 인정받고 성공하는 것이 일생일대의 과제이다. 사회에서 존경받고 인정받는 것이 전적으로 일의 성공 여부에 달려 있다고 믿기 때문에 성공해야 한다는 강박관념에 시달린다. 야근은 물론이고 집에 일을 들고 오는 경우가 다반사다.

아내와 아이들에게 다소 소홀한 것도 사실이지만, 무능한 아버지보다는 무심한 아버지가 되는 편이 낫다고 여긴다. 무심한 아버지는 가족들이 그저 서운한 마음을 가지지만 무능한 아버지는 가족들에게 '무시' 당한다고 생각하기 때문이다. 가장이 가족들에게 무시를 당하다니! 맙소사! 생각만 해도 끔찍한 일이다. 그는 이런 생각으로 열심히 달려보지만 성공을 향한 경쟁은 끝이 보이지 않는다. 이러다가 뒤처지게 될까봐 불안하기도 하지만 그런 내색을 하면서 약해질 여유가 없다. '나는 우리 집의 가장이자 능력 있는 남자니까.'

작은 중소기업을 운영 중인 46세의 B씨는 익스트림 스포츠 마니아다. 그의 이런 취미를 처음 듣는 사람들은 깜짝 놀라곤 한다. 곱상한 외모와 달리 그런 위험하고 과격한 운동을 즐긴다는 것이 의외라는 것이다. 사실 B씨는 어릴 적부터 키도 작았고 연약하고 여성적인 외모 때문에 적지 않은 열등감을 가졌었다. 남자는 육체적으로 강하고 거칠어야 한다는 생각 때문이었다. 결국 그는 자신의 남성다움을 표현하기 위해 위험을 즐기는 익스트림 스포츠를 시작했고 스스로의 자신감 회복은 물론이고 다른 사람들의 감탄을 은근히 즐기면서 더욱 거기에 빠져들었다. 물론 취미 생활을 즐기며 만족감을 가진다는 점에서 긍정적인 측면도 많지만 종종 거칠게 '오버' 하는 자신을 보면서 불안해지는 기분을 느끼기도 한다. 그러나 무서워하지 않고 다시 모험을 즐긴다. '나는 거칠고 강한 남자니까.'

은행에 다니는 41세의 C씨는 매사에 합리적이고 이성적인 사람으로 정평이 나있다. 홀로된 어머니와 아내, 아이들, 그리고 결혼하지 않은 막내 여동생과 함께 살고 있기 때문에 책임감과 부담감이 상당한 편이다. 게다가 1남 3녀 중 외아들로 자라서 어릴 때부터 아버지에게 남자로서 지켜야 할 행동 – 남자는 언행이 가벼워서도 안 되고, 아프고 힘들다고 엄살을 부려서도 안 되며, 작은 일에 울어서도 안 된다. – 에 대해 귀가 따갑도록 들어왔다. 그것이 습관이 되어서 집에서는 물론 회사에서도 감정을 거의 표현하지 않는 냉철하고 이성적인 인간으로 비친다. 속으로는 회사나 집안에 부담과 스트레스를 상당히 가지고 있지만 힘든 내색을 하지 못한다. 때론 도움도 받고 싶고, 힘들다고 투정도 하고 싶고, 울고 싶기도 하지만 꾹 참고 오늘도 무표정한

얼굴로 출근을 한다. '나는 감정을 함부로 표현해서는 안 되는 이성적인 남자니까.'

　젊은 세대를 중심으로 다소 완화되는 경향이 있긴 하지만 30대 후반이나 4, 50대의 기성세대에겐 '사내대장부'의 뿌리가 너무 깊다. 또 한 가지 문제가 되는 것은 자신은 아버지 세대의 가치관을 그대로 답습하고 있는데, 아이들은 그렇지 않다는 것이다. 그 괴리감도 상당하다. 샌드위치처럼 가운데 끼여 어디에 장단을 맞춰야 할지 혼란스럽다. 메트로섹슈얼, 콘트라섹슈얼 등 남성과 여성에 대한 허구적 성(性)이데올로기에 대한 고정 관념이 깨어지고 있다. 이런 추세라면 머지않아 우리 사회의 남성다움에 대한 콤플렉스는 점점 사라지지 않을까 하는 생각이 든다.

　중년의 남자들이여, 그동안 자신을 조이고 감정을 가두며 삶 자체를 지치게 했던 콤플렉스에서 벗어나자. 사내대장부나 남자답다는 것도 따지고 보면 아무런 보상도 없지 않은가? 감정이 있고 실수도 하는 인간이다. 기분이 좋으면 크게 웃고 슬프면 울고 힘들면 도와달라고 하고 아프면 엄살도 부리자. 한없이 묻어두기만 하면 무겁고 답답한 남자들의 심정을 누가 알겠는가.

　문득 한 트로트 가수의 「남자라는 이유로」란 노래가 생각난다.

누구나 웃으며 세상을 살면서도 말 못할 사연 숨기고 살아도

나 역시 그런저런 슬픔을 간직하고 당신 앞에 멍하니 서 있네

언제 한번 가슴을 열고 소리 내어 소리 내어 울어볼 날이

남자라는 이유로 묻어두고 지낸 그 세월이 너무 길었어

그래, 그 세월이 너무 길었다.

남자라는 부담과 책임감을 조금씩 덜고 지금부터라도 더 가벼워져보자.

남자는 울어도 마음으로 운다고 했다. 왜 마음으로만 울어야 할까? 눈물만큼 솔직한 것도 없다. 당신이 눈물을 흘린 적이 있는지 한번 생각해보자. 꾹 참느라 목이 메었던 경험은 있을 것이다. 이제 눈물이 나면 그냥 그 눈물을 흘려보내자. 때론 엉엉 소리 내어 울어도 보자. 아마 속이 후련할 것이다. 그것이 바로 카타르시스다.

'남자'이기 이전에 '인간'으로서 눈물을 부끄러워 말자.

내 인생, 정말이지 누군가 대신 살아주지 않는다. 솔직한 '나'를 살아가자.

chapter 4

내 안의 '아니마' 찾아내기
− 핑크셔츠

우리 사회의 뿌리는 유교문화다. 내가 자라온 환경 역시 다를 바가 없었다. 경북 안동 출신이니 오히려 심하면 더 심했을지 모르겠다. 지금에야 그 불합리성을 인정하지만 당시로선 당연했던 것이 아버지와 아들이 생활의 중심이었다는 점이다. 당시 나의 누이들은 불만 한번 토로하지 못하고 존재감마저 상실한 채 생활상의 크고 작은 푸대접에 길들여져 있었다.

나에게는 곰국에 관한 치사하고 부끄러운 기억이 있다. 하루는 어머니께서 가족의 건강을 위해 (실은 아버지와 두 아들을 위한) 곰국을 준비하셨다. 지금이야 아무것도 아니지만 당시는 먹을 것이 귀했던 시절이었기에 곰국은 명절에나 경험할 수 있는 귀한 음식이었다.

집안 남자들은 며칠 동안 이 곰국으로 포식을 했다. 하지만 어머니와 누이들은 냄새를 맡는 것만으로 만족해야 했다. 그러다가 더 이상 우려낼 것이 없을 법한 재탕의 재탕을 거듭해 사탕쯤될 때 드디어 누이들도 한 그릇씩 맛볼 수 있었다. 거기에 영양가는 제쳐두고 고기 맛이나 났었는지 모르겠지만 누이들은 평소맛보지 못한 것이었기 때문인지 불만 없이 맛있게 그 곰국을 들이켰던 기억이 난다. 지금도 그때를 생각하면 누이들에게 미안할 따름이다.

하지만 왕자 대접 뒤에는 그만큼의 숙제가 따랐다. 자고로 남자라 함은 과묵하고 책임감 있어야 하고 큰 뜻을 품고 그 뜻을 이뤄야 한다는 가르침을 받았고, 가벼운 행동이나 실수에도 엄하고 따끔한 질책이 있었다. 어리광을 부리거나 내 감정을 편하게 표현할 수도 없었다. 우스갯소리를 좋아하는 내가 가족들 앞에서 재밌는 이야기라도 하나 할라치면 "하라는 공부는 안하고 쓸데없는 소리만 한다."는 핀잔을 듣곤 했다. 분명 아버지는 나를 사랑하셨지만 아이가 아닌 작은 어른으로 대했으며 의젓함을 원하셨다.

나와 같은 시대를 살았던 중년의 남자들은 정도의 차이는 있겠지만 아마 모두 비슷한 환경에서 자라지 않았을까 하는 생각이 든다.

남성 중심의 패거리문화, 창의성을 발휘할 수 없게 만든 수직 윤리, 허풍과 허세가 통념과 상식이 되게끔 한 실용주의의 부재 등 고질적인 한국병의 근간에는 유교가 있다. 여성이 총리가 되고 세계경영을 부르짖는 기업들이 속속 등장하는 글로벌 시대에도 유교의 이데올로기는 아직도 우리의 삶을 지배한다.

물론 유교에도 좋은 점이 있겠지만 유교 안에는 정말 중요한 세 가지가 없다. 먼저, 여자가 없고, 아이가 없고, 사랑이 없다. 세상을 부드럽게 하는 3가지 요소가 없는 것이다.

아이와 여성이 없는 삶은 없다. 가족을 이루는 구성원이니까? 당신의 가족은 소중하니까? 물론 가족의 일원으로서도 소중하다. 그러나 더 중요한 것은 화합과 에너지원으로서의 여성과 아이의 존재이다. 세상의 반은 여성이고 세상의 모든 아이들은 내일의 어른이다.

한국처럼 자원 면에서 열악한 나라는 힘을 얻을 수 있는 유일한 가능성이라고 하면 휴먼 리소스(Human Resource), 즉 사람의 힘 밖에는 없다. 이 사람의 힘을 유교문화라는 것으로 봉쇄하고 말살하고 약화시킨다는 것은 너무나 손해다. 21세기 지식정보화 사회에서는 치명적인 결함이 아닐 수 없다.

이미 세계는 여성과 아이들의 중요성을 깊이 인식하고 있고, 특히 여성은 문명의 중심으로 부상되고 있다. 사회적 생산 양식이 '근육'에서 '두뇌와 감성'으로 이행하고 있기 때문이다.

오늘날 여성에 대한 관심과 여성 파워의 증가는 신체적, 경제적 약자로서 여성을 보호한다는 낭만적 페미니즘으로서가 아니라 인류문명사적으로 그리고 국가 발전의 전략 차원으로서의 우선적 관심사이자 현상인 것이다.

기업 역시 마찬가지다. 영국의 「파이낸셜타임스」지에 따르면 남성성이 빛을 발하던 시대에는 노동력을 착취하고, 강탈하고, 환경을 파괴해서 이익을 극대화하는 것이 경영자의 능력으로 평가됐으나, 지금은 비즈니스 전체의 언어가 변하고 있다고 지적한다.

무뚝뚝하고 거칠고 거만한 보스들은 이제 개방적이고 설득력 있고 친밀하고 상냥하며 심지어 쉽게 사귈 수 있는 성격을 갖추기를 요구받고 있는 것이다.

여성과 아이들은 에너지원이면서 또한 막강한 소비원이기도 하다. 아이들은 대체로 아빠보다는 엄마와 더 결속력이 있기 때문에 여성을 잡으면 아이들까지 덤으로 잡을 수 있다. 아이의 소비권을 엄마가 가지고 있기 때문이다. 따라서 여성을 제대로 파악하지 못하는 기업은 살아남지 못하는 시대가 온 것이다. 우리나라 역시 대기업을 중심으로 여성을 이해할 수 있는 여성인재, 여성 임원의 수가 빠르게 증가하고 있고, 그 파워 역시 날로 커지고 있다. 기업의 여성화는 경영진이 좀 더 영리하고 합리적이고 투명해지고 있다는 증거이자, 인간적이고 환경 친화적인 기업만이 생존하게 될 것이라는 증거이다.

여성과 아이의 중요성은 반드시 경제적인 요인 때문만이 아니다.

여성과 아이들은 세상을 평화롭고 부드럽게 만든다. 남자들은 권위와 경쟁을 중요하게 여기는 반면 여자들은 관계와 화합을 중요하게 여기고, 어른들은 경직되고 이기적인 반면 아이들은 자유롭고 욕심이 없기 때문이다.

'그렇다면 지금껏 남성으로 살아온 나는 뭔가? 남자의 시대는 갔다고 여성들과 아이들의 비위를 맞추면서 기죽어서 지내야만 하는 것인가?' 하는 생각이 들어서 속이 상하는가?

남자와 여자, 어른과 아이는 우월을 다투는 존재가 아니라 함께 어울려 살아가는 동반자이다. 그동안 남자들은 여자에게 일방적으로 많은 희생과 이해를 요구했고 어른들은 아이들에게 제대로 된 인격체로 대접해주기보다는 어른의 부속품쯤으로 여겨왔다. 이제 평등해져야 하는 시점이 온 것일 뿐이다.

그렇다고 당신에게 남성을 버리고 여성이 되라는 것도, 어린 아이처럼 굴라는 것도 아니다. 다행히 시대가 원하는 것은 여성이라기보다는 여성성이고 아이 그 자체라기보다는 아이들의 유연함과 순수함이다. 그것들은 대화와 이해, 노력으로 배우고 습득할 수 있다.

모든 남성들은 무의식중에 여성의 인격을 간직하고 있다. 남성들은 그것을 자신의 영혼처럼 느끼며 여성을 동경하고 사랑하게 되는데 그것이 '아니마'라고 하는 감정이다. 유교는 남성의 아니마를 억압하는 문화구조를 가지고 있다.

흔히들 유교문화의 최대 피해자는 여성이라고 한다. 물론 차별과 억압 등 우선적 피해자는 여자임에 틀림없지만 인간의 본성이라는 측면에서 볼 때 여성성을 강제로 잃어버린 채 억지로 남성성의 가면만을 쓰고 살아야 했던 남자도 가련한 존재이긴 마찬가지이다.

아이와 같은 순수한 감성 역시 마찬가지이다. 몇 십 년을 갖은 세파와 경쟁 속에서 힘겹게 살아왔는데 동심이나 순수한 감성 같은 것이 남아 있을까 싶지만 아이들의 노는 모습을 보거나 자신의 과거의 기억을 회상하면 자신도 모르게 따뜻한 마음이 드는 것을 느껴 본 적이 있지 않은가? 그동안 들여다보지 않았을 뿐이지 아직도 당신 속에는 소년이 살고 있다.

이제는 당신 안에 있는 소년과, 당신 안에 있는 여성을 자각해야 한다. 인간관계가 어려운 것은 당신과 같은 사람이 지구상에는 단 한 명도 없기 때문이다. 같이 사는 가족들조차 당신과 같은 사람은 아니라는 것을 알고 있어야 한다.

지금 당신을 맞이하고 있는 가족들의 모습은 어떤가? 당신의 노고에 감사하며 가장으로, 남편으로, 아버지로 진정한 존경의 마음을 표현하고 있는가? 만약 그렇지 않고 당신이 가족과 함께 있으면서도 여전히 외로움을 피할 길이 없다면 어딘가 잘못되고 있다는 중대한 신호다. 그리고 그것은 당신이 가족들에게 군림하거나 지도하려고 했기 때문일 가능성이 크다.

이제 자신의 논리만을 강요하지 말고 당신의 내면에 이미 존재하고 있는 소년에게, 그리고 지금껏 감춰온 당신의 여성성에게 도움을 청하라. 그러면 그들을 보다 쉽게 이해할 수 있을 것이다.

한번쯤은 입고 싶었지만 차마 그러지 못했던 마음속의 핑크 셔츠가 바로 당신속의 여성성과 부드러움이다. 당신의 마음속에도 예쁜 핑크 셔츠가 잠자고 있지 않은가?

당신 안에 있는 아이와 여성의 존재를 솔직하게 인정하고 손을 내미는 순간, 당신의 가장 소중한 존재인 자녀와 아내 또한 당신의 삶으로 보다 깊숙하게, 더욱 편안하게 다가올 것이다. 여성과 아이들을 이해하고 공감하는 부드럽고 앞서가는 남자가 사회생활도 잘할 것이라는 점은 의심할 여지가 없다.

아이들은 축복이고 여성은 영원한 동반자다. 그리고 그들은 또 다른 당신의 모습이기도 하다. 그들이 없으면 당신도 없다. 당신은 끝없이 그들을 이해하고 사랑할 준비를 해야 한다. 그것이 바로 행복의 문을 여는 열쇠가 될 것이다.

chapter 5

이제는 마주봐야 별을 딴다
- 촛불

"어떻게 하면 강한 남성을 유지할 것인가?"

"고개 숙인 남자들, 고개 드는 방법."

"70세에도 자녀를 본 한 할아버지의 정력 비법"

"크기 콤플렉스, 시간 콤플렉스, 횟수 콤플렉스 극복기"

남성의 성(性) 고민을 주제로 한 기사나 광고를 누구나 한번쯤은 봤을 것이다. 그냥 흘깃 보는 정도가 아니라 유심히 봤을지도 모르겠다. 다른 사람들은 어떤지, 내가 혹시 약하거나 비정상은 아닌지, 혹시 정력에 좋은 무슨 특별한 비법이라도 있는지 하면서 말이다.

현대인의 성은 마케팅의 음모에 갇혀 있다. 성은 부부 공동으로, 어쩌면 한 평생 가꾸어 가야 할 부부의 언어이며 커뮤니케이션이고 스킨십이다. 체질과 환경, 그리고 각자의 인생 가치관과 라이프사이클에 따라 백인백색, 천차만별일 것은 당연하다. 그런데 이런 저마다의 고유성을 인정하지 않고, 사회 표준, 세대 표준만 찾는 것이다.

성기의 크기나 '주 몇 회' 같은 기준은 어디서 나온 것인가? 이것은 성의 시장 바닥에서 나온 얘기다. 성을 상업화 하는 곳에서부터 이 같은 계량과 기준이 나온다.

잡지나 인터넷을 보면 온갖 '클리닉' 들이 현란한 선전을 하며 성의 마케팅에 필사적이다. 한국 남자 성기의 평균 사이즈는 얼마니까 그 정도는 되어야 하고, 사정까지의 시간도 몇 분을 넘어야 조루 소리를 듣지 않게 되고, 일주일에 몇 번은 해야 정상이며 표준이란다. 그에 못 미치면 수술을 받든지 최소한 비아그라나 보약이라도 먹어야 할 판이다. 뭔가 시원찮다 싶으면 확대 수술을 받아야 하고, 조금 빠른 것 같으면 신경조절수술을 받아야 한다. 부부관계가 잦지 않고(저들이 멋대로 갖다 댄 기준으로 1주일 두세 번?) 남편이 시들하면 여자도 이쁘게(?) 해주는 수술을 받아야 한다는 것이다.

성 칼럼에서는 항상 횟수를 이야기 한다. 1주일에 그저 몇 번은 해야 된다는 것이다. 못 미치면 꼭 클리닉을 찾아봐야 한다는 투다. 이들을 보면 무슨 주식시장의 작전 세력 같다. 저들이 멋대로 표준을 제시하고 그 표준에 맞지 않으면 위기감을 느끼고 비정상이니 빨리 오라는 거다. 가뜩이나 불안한데 그것(?)마저도 시원찮아질까봐 두려운 남성들은 말도 못하고 혼자 스트레스 받거나, 아니면 약물이나 정력제에 눈을 돌린다.

사람이 백이면 백, 다르다는 것을 모르나?

하긴, 어느 정도는 알면서도 따라간다. 왜? 더 세지기(?) 위해!

자신을 그저 남들이 정한 카테고리에 갖다 붙여야만 속이 시원하단 말인가.

섹스와 관련된 이야기를 나누며 진실을 말하는 사람이 얼마나 될까? 사실도 아니고 과장된 기준에 자신을 비교하면 당연히 문제가 있는 것처럼 여겨질 것이다. 자신의 성 문제는 자랑할 필요도 없고, 남에게 견줄 필요도 없다. 프라이버시는 프라이버시로 남겨둘 필요가 있다.

성에 관한 왜곡된 정보가 오히려 가정 내의 성의식과 성의 인식에 문제를 야기한다. 사람마다 자신의 체형과 체질, 엔진 배기량 같은 것이 있게 마련이다. 달리기에도 단거리 선수가 있고 장거리 선수가 있듯이 체질에 따라 부부에 따라 섹스 라이프는 다 다르고, 나만의 섹스 라이프가 있다는 점을 인식할 필요가 있다.

섹스가 반드시 삽입과 사정으로만 이루어지는 것은 아니다. 하지만 많은 사람들이 그렇게 생각하고 힘과 시간, 횟수에 집착하며 허우적댄다. 섹스는 결과가 아니라 과정이다. 세월이 흘러 중년이 되면 부부관계도 일상적인 일이 되다 보니 남편들은 횟수(결과)에 집착해 전희도 생략하고 바로 들어가는 섹스를 반복하기도 한다.

아내들은 하소연한다.

"저는 아무 생각 없이 그냥 가만히 있지요."

여자는 사실, 삽입 자체보다는 전희나 후희에 훨씬 흥분되고 만족감을 느낀다. 무조건 강하다는 걸 과시하려는 남자보다 따뜻하고 부드러운 말 한마디, 스킨십에 오르가슴을 느낄 수도 있다는 것이다. 그런 사정을 모르고 남편이 덤빌 때면 어떤 아내는 그야말로 '대주고 있다.'는 생각을 하면서 서글픈 생각마저 든다고 한다. 반면 남편들은 열심히 의무 방어전(?)을 치렀다고 생각하고 있는 것이다.

서로의 이런 생각의 차이를 허심탄회한 대화로 해결하는 부부가 과연 있을까? 아마 대부분 '뭐 그런 이야기를······' 하면서 덮고 넘어갈 것이다.

섹스는 식욕과 더불어 신이 인간에게 내린 최고의 축복인데도 그 과실을 따먹는 부부는 그리 많지 않은 것 같다. 한 제약회사가 실시한 설문조사에 의하면 한국 부부들의 경우 배우자와의 성 관계 만족도가 프랑스의 절반 수준이라고 한다.

이렇게 성 관계 만족도가 낮은 이유는 기질적인 요인(조루, 발기부전)도 있겠지만, 앞서 말한 잘못된 성 의식과 스트레스, 그리고 부부간의 대화 부재에 그 원인이 있다는 생각이 든다.

자신보다 상대를 더 배려해야 할 장소 중 하나가 바로 침대 위이다. 이를 위해서는 서로의 성적 특성에 대한 대화가 이뤄져야 한다. 나의 성감대는 어디고, 어떤 말을 해주면 좋고 하는 성적 취향을 상대에게 얘기하고 그것을 편견 없이 수용하는 자세가 필요하다. 처음에는 섹스에 대해 터놓고 이야기하는 것이 쑥스럽게 느껴질 수도 있겠지만, 이것이 한번 물꼬가 트인다면 또 다른 세계가 열릴 것이다.

세상에 떠도는 섹스 이야기보다는 내 아내, 나의 파트너의 이야기에 귀를 기울이는 것이 더 현명하다. 사람의 지문이나 성격이 모두 각양각색인 만큼 섹스에 대한 취향이나 개성도 다양하고 그 상상력과 패턴의 범위도 무궁무진하다. 건강하게 즐기기 위해서라도 우리가 끊임없이 노력해야 할 부분이다.

인간의 섹스는 '마주보고 한다'는 의미도 담고 있다. 인간의 섹스는 그런 점에서 후배위만을 하는 동물들과 구별된다. 베르

베르의 『아버지들의 아버지』에는 인간이 지금의 인간으로 진화하게 된 원인 중 하나가 '후배위'에서 서로 얼굴을 맞대고 하는 '대면위'로 바뀐 것이라는 내용이 있다. 이로 인해 타인을 인지하고 생각하고 의지하는 감정과 오르가즘이 생겼다는 것이다.

섹스는 사랑이라는 감정이 밑바탕이 되어야 한다. 섹스 자체를 위한 행위, 정이 없고 메마른 생리적 욕구 해소, 배우자에 대한 의무로 한다는 자세, 물리적인 섹스의 완성에 대한 집착을 버리고 미더움과 애정이 우러나 자연스럽게 스킨십이 이루어진다면 그것만으로도 좋을 것이다. 더 나아가 상대의 몸에 감사함을 갖고 흠뻑 빠지는 게 최고의 섹스이고 자신감을 회복하는 길이다.

촛불 아래서 데이트 상대를 보면 더 아름답고 환상적으로 보인다. 이른바 조명발이라는 효과 때문이다. 당신의 마음속에는 혹시 상대를 위한 촛불이 준비되어 있는가? 아직 없다면 지금부터라도 촛불을 켜보자. 서로를 더욱 아름답고 따뜻하게 바라볼 수 있을 것이다.

부부간의 대화에는 언어적 대화만 있는 것이 아니다. 이심전심이라는 교감도 있고 스킨십을 통한 육체적 대화도 있다. 배우자를 긴밀히 이해하고 깊이 감춰진 아름다움을 찾아내 인생 2라

운드에서도 건강하고 섹슈얼한 클라이맥스를 누려야하지 않겠

는가?

chapter 6

정체불명, 무채색 인간 벗어나기
- 프리즘

중학교 선생님인 L씨(43)는 최근 약간의 충격을 받았다. 학교에서 학생들이 재미로 실시한 인기투표에서 '최악의 드레서' 부문 1위를 차지한 것 때문이다. 옷 입는 것에 신경을 쓰는 편은 아니었지만 최악으로 뽑히리라곤 생각도 못했었다. 억울한 마음에 "내가 뭐가 그렇게 옷을 못 입고 촌스럽냐?"라고 항변을 했더니 아이들의 말이 "만날 똑같은 옷만 입잖아요."라고 말한다.

이렇게 황당할 때가 있나? 매일은 아니지만 그래도 일주일에 두세 번 씩은 옷을 갈아입는데 어째서 매일 똑같다는 것일까?

집에 와서 옷장 문을 열고 한참을 고민하며 서 있었더니 아내가 자초지종을 묻는다. 학교에서의 일을 들은 아내는 재미있다는 듯 한참을 웃었다. 그리곤 검정 아니면 짙은 검정, 그도 아니면 밝은 검정 옷뿐이니 아이들 눈에 똑같아 보일 만도 하다는 것이다. 아내가 되어서 멋쟁이는 못 만들어줄망정 웃음이 나오느냐고 볼멘소리를 했더니 "어이구, 화사한 색깔의 옷 사다줘도 어색하다고 처박아만 두고 안 입는 사람이 누군데?"라며 도리어 큰소리를 친다. 하긴 뭐 틀린 말도 아니니 할 말이 없어졌다. 이래선 안 되겠다 싶어 내일은 좀 화사하고 밝은 옷을 입어야겠다고 결심하며 나에겐 무슨 색이 어울리나 머릿속으로 생각해보지만, 난감하게도 L씨는 자신에게 어울리는 색을 모르고 있었다.

이 이야기를 읽으면서 뜨끔 하는 중년의 남성들이 많을 것이다. 자신의 옷장 속을 떠올려도 별반 다를 바가 없기 때문이다. 중년의 남자들은 대부분 바쁘다는 핑계로 옷차림이나 자신의 스타일에 대해 제대로 생각하거나 고민해 본적이 없었을 것이다.

대부분의 회사에서 직장인들은 같은 옷을 입고 같은 구두를 신고 있다. 오늘은 검은색 정장, 어제는 짙은 검정이었고, 그제는 옅은 검정. 그럼 내일은? 오랜만에 줄무늬가 들어간 거 한번 입어볼 참인데 색깔은 역시 검정이다.

요즘에야 젊은 직장인들 사이에 핑크색 같은 화려한 넥타이도 통용되지만 그 전 세대의 남성들은 옷차림이나 액세서리에 지나치게 엄격한 규율과 감시의 시선에 시달려왔다. 튀지 않는 무채색 인간이 되어 판에 박힌 슈트에 자신을 구속시켜야만 했다.

몰개성의 원인은 여러 가지가 있겠지만, 먼저 군대문화에서 찾을 수 있다. 물론 지금의 이십대도 군대는 간다. 하지만 지금의 분위기와 당시의 분위기는 많이 달랐다. 군대 가기 전에 이런 소리 참 많이 들었다.

"중간만 해라 중간만. 눈에 안 띄는 게 제일 좋아!"

뭐 이런 충고가 다 있나 싶었다. 그러나 웬걸, 눈에 띄니까 피곤해지는 곳이 바로 군대였다. 여기서 눈에 띄지 않고 묻히는 법을 배운다. 그리고 제대 후 사회에 나와 보니 산업자본주의는 조직적이고 규격화된 직장생활을 강요하고, 꾸미고 싶은 남성들의 본능을 무시하고 억압했다.

여기에다 가부장제는 남성들에게 대량생산의 창출을 사명감으로 여기게 만들고, 공격적이면서도 희생적인 인간으로 만들었다. 철저히 국가 중심적이어야 했고 살아가는 이유는 자신의 행복 추구가 아닌 '국가를 위한 나'이거나 '가정을 위한 나', '조직을 위한 나'여야 했다. 산업자본주의의 올가미인 슈트와 넥타이야말로 체제 순응적인 대표적인 산물이다.

마지막으로 멋 내기에 대한 인식의 부족도 문제였다. 아름답게 보이고 싶어하는 것은 인간의 본능이지만 그동안은 사회적으로나 남성들 스스로도 패션에 신경을 쓰는 것을 창피하게 여겼다. 외모에 신경을 많이 쓰면 '날라리'라거나 신뢰가 가지 않는다는 시선도 만연했다. 옷을 잘 입고 멋을 낸다는 것만으로 일을 열심히 하지 않는다는 평가로 통하던 시절을 거쳐 왔기 때문이다. 그러다 보니 그동안 우리 사회는 아저씨의 외모에 관대했다. 남자를 고르는 여자들의 기준도 외모보다 능력이 우선이었기에 여자들도 "남잔데 어때?"라며 아저씨를 두둔했다.

그러나 최근 사정은 달라졌다. 근육질 몸매나 꽃미남은 아닐지라도 외모 경쟁력을 따지는 시대가 온 것이다. "못생긴 건 타고 났으니 어쩔 수 없지만 못생겼으면서 꾸미지도 않는 건 용서할 수 없다."는 것이 요즘 여자들의 말이다.

일에 치이고 생활에 치이고 신경 써야 할 것이 한두 개도 아닌데 한가하게 멋이나 내라고? 사람의 속이 중요하지 겉이 중요하냐고?

외모가 경쟁력이 되어가고 있는 21세기에 이제 그런 질문은 바보 같은 소리일 뿐이다. 외모가 갖는 설득의 힘은 점점 더 무시할 수가 없다. 예쁜 여자가 착한 여자고 능력 있는 여자라는 농담은 더 이상 남성들이 여성에게만 던질 수 있는 게 아니다. 그 역도 성립하고 있다.

같은 조건이라면 키 크고 잘생긴 사람이 그렇지 못한 사람보다 연봉과 승진에서 우월한 위치를 차지한다는 조사 결과가 미국에서는 여러 차례 발표되었다. 사람들이 가장 많이 보는 첫인상으로 80%가 외모였으며 목소리 13%, 정작 우리가 중요하게 생각하는 인격은 불과 7%라는 설문조사 결과도 있었다.

결국 외모에서 시선을 끌지 못하면 인간성이나 독특한 특기 같은 것은 보여줄 기회마저 없어진다는 반증이다. 이젠 혼자서 '나 진국이요!' 한다고 알아주지 않는다. 외모가 좋지 않으면 게으르고 뒤떨어져 보이는 반면 외모가 훌륭하다는 것은 그만큼 자기 관리를 한다는 것이고 노력을 하는 사람이란 뜻이 된다. 그러니 중요한 것을 산과해서는 안 된다. 인간의 외모란 결코 타고난 얼굴과 신체만을 의미하지는 않는다는 것이다.

인간은 누구에게나 자신만의 고유한 이미지가 있다. 외모뿐 아니라 인간에게는 다양한 매력이 있다. 자신의 아름다움을 제대로 알고 얼굴 크기나 날씬한 허리가 아닌 다른 면에서의 정체성을 찾아야할 때다. 멋이 아니라 자신만의 독특한 맛을 내자는 것이다. 천편일률적인 아저씨 스타일이 아닌 나만의 스타일을 한번 찾아보자. 40대만이 가질 수 있는 내 나이에 맞는 멋, 하지만 나이보단 젊어 보일 수 있는 스타일 말이다.

단번에 나만의 스타일을 찾기는 쉽지 않을 것이다. 안경테도 좀 젊어 보이는 스타일로 바꿔보고 밝은 색상의 셔츠도 도전해보자. 요즘은 중년을 위한 청바지도 붐을 이루는데 멋지게 체형 커버에도 성공해보자. 항상 아내에게만 맡겨왔던 옷 쇼핑도 직접 한번 나서보자. 자기 사이즈도 모르던 당신이 점점 자신의 스타일을 찾아나갈 수 있을 것이다.

그래도 어려우면 연예인들 중에서 역할 모델을 찾는 것도 방법이다. '연예인이라니? 그런 완벽한 몸을 가진 사람들을 어떻게 따라한단 말인가?' 할지도 모르겠다. 꽃미남 모델이 아닌 일반인과 비슷한 체형과 외모를 가진 스타를 찾아보면 된다. 푸근한 아저씨 같지만 화사한 색상과 깔끔한 머리 스타일, 안경으로 자신을 잘 가꾸는 김용만이나 다소 가냘픈 체형을 감성적이고 샤프한 도시적 스타일로 코디하는 조민기 같은 경우를 따라해볼 수 있겠다.

스타일을 찾아가는 것도 자기를 들여다보는 하나의 과정이다. 내가 무슨 색을 좋아하는지, 어떤 스타일이 자신에게 어울리는지, 자신의 이미지를 찾아가는 것이다. 그리고 스타일에 대한 고민은 당신에게 새로운 즐거움과 발전을 가져다준다. '내일은 뭔가 다른 걸 입어보자!' 라던가 '내일은 어떤 스타일이 좋을까?' 하는 매일 매일의 자연스러운 두뇌 회전이 가능하다. 지금까지는 직접 코디를 해본 적이 없으니 파란색과 빨강색이 어울리는지, 파란색과 초록색이 어울리는지 알 길이 없었지만 이제는 어떤 색이 어울리는지도 알게 될 것이고 응용도 하게 될 것이다.

빛이 프리즘을 통과하면 7가지 무지개 색으로 나타난다. 당신에게도 이 프리즘이 필요하다. 있는지 없는지 알 수 없는 투명인간 같은 무색의 인간에서 여러 가지 색깔을 지닌 개성적인 사람으로 다시 태어나보자. '아무도 몰라, 며느리도 몰라.' 하는 고추장식 정체불명의 스타일을 벗고 자신만의 스타일을 찾아보자.

chapter 7

Jump Up할 시점을 찾아라

- 뜀틀

초등학교 시절, 선생님의 지시에 의해 의무적으로 일기를 쓴 적이 있었다. 작문 실력 향상을 위한 선생님의 교육법이었겠지만 어린 마음에 나는 몹시도 귀찮아했다. 억지로 몇 줄 쓰기도 하고 가끔은 빼먹는 경우도 있었는데, 그때마다 선생님은 왜 매일 일기를 써야 하는지, 일기를 쓰면 무엇이 좋은지 구구절절이 설명하셨고 종종 매를 들기도 하셨다.

매 맞는 게 무서워 별로 쓸 말이 없는 날은 거짓말을 적어내기도 하고, 노래 가사를 통째로 베껴 적어내곤 "오늘 이 노래를 불렀는데 참 좋았다." 등의 잔머리를 쓰기도 했다. 그러다 학년이 바뀌면서 담임선생님도 바뀌었고 나는 일기에서 해방될 수 있었다.

다행히 점점 자라면서 일기나 메모의 중요성을 알게 되었고 그 후론 누가 쓰라고 강요하지 않아도 그냥 내가 쓰고 싶어서 쓰게 되었는데, 그것이 어느덧 습관이 되었고 내 삶에도 좋은 영향을 끼치게 되었다.

군대를 가고, 또 직장생활을 하고, 그리고 사업체를 운영해보기도 하면서 환경과 강요의 정도는 조금씩 다르지만 비슷한 상황을 접하곤 했다. 부모님, 학교선배, 직장 상사, 거래처 사람들, 그리고 사회가 나를 그들이 원하는 방향으로 변화시키려고 했지만 나는 쉽게 그런 설득에 넘어가지 않았다. 변화에 대한 필요성과 요구가 절실하시 않았기에 그저 귀찮은 간섭으로만 여겨졌기 때문이다. 경우에 따라 억지로라도 변화하는 것처럼 보여야 할 때는 그냥 그런 척 하거나, 잠시 변화하는 듯했다가 다시 원점으로 돌아오곤 했다.

사실 기업에서도 직원들에게 변화를 요구하고 강조하지만 '누구 좋으라고 내가 변해야 하나? 내가 남들 눈치 보느라 변해야 하나? 당신들의 기대에 맞추는 것이 변화인가?' 라고 생각하며 겉으로는 고개를 끄덕이면서 속으론 의문과 불만을 쌓아가는 사람들이 대부분이다.

사람들은 기본적으로 자신을 변화시키려고 하는 사람이나 설득하려고 하는 사람을 좋아하지 않는다. 자신의 안정감과 존재감을 깨는 것 같은 불쾌감을 주기 때문이다. '너나 잘 하세요.' 라는 말이 괜히 유명세를 탄 것은 아닌 듯하다. 그래서 아무리 그럴듯한 성공의 이야기를 들어도 스스로 변화에 대한 자발적인 이유를 깨닫지 못하면 변화하지 않는다. 어떤 문제에 대한 선택과 결정에 자신만의 동기가 없으면 진정한 내면의 변화는 일어나지 않는다. 외부의 강요나 설득에 의해 표면적인 변화가 이루어지면 그 외부적 요인이 사라지고 나자마자 다시 원상태로 돌아가게 된다.

지금까지 당신의 인생이 숨이 차고 견디기 어려울 만큼 힘이 들었다면 그것은 외부 세계에서 일어나는 빠른 변화에 당신의 자아를 끼워 맞추느라 열과 성을 다했기 때문이다. 이제 더 이상 외부의 변화에 자신을 떠맡기지 말고 스스로 적응해야 할 때가 온 것이다.

예고도 없이 찾아온 정신적 공항, 아직은 넘치는 당신의 에너지. 해답은 그냥 흘러가게 두는 것이다. 피터 드러커 경영대학 미하이 칙센트미하이 교수는 자신의 저서 『Flow』에서 행복이란 결국 자아의 흐름을 성공적으로 따라가는 것이라고 말했다. 비틀즈도 제발 좀 그냥 내버려 두라고 'Let it be'를 외치지 않던가. 스스로를 인정하고, 당분간은 흐름(Flow)을 지켜보는 작업이 필요하다. 이런 작업이 내면의 변화를 만들어가는 기초가 될 것이다.

외부로부터의 변화가 아닌 내면으로부터의 변화는 먼저 자신의 소리를 듣는 것에서 출발한다. 지금껏 무관심했던 마음의 소리가 어느 날 갑자기 들리진 않을 것이다. 파스칼은 "인간의 가장 큰 문제는 혼자 방안에 조용히 앉아서 생각할 시간을 갖지 않는 것이다."라고 말했다. 자신만의 시간과 공간을 갖는 연습을 하자.

그동안 나만을 위한 시간을 보낸 적이 있는지, 홀로 조용히 생각할 공산은 있는지 한번 생각해보자. 일을 위해 가족을 위해 쓴 시간에 비하면 너무 인색하지 않았는가?

일을 위해 일만 생각하며 시간을 보낸 사람보다 자신만의 시간과 공간을 가지고 늘 자신을 돌이켜보았던 사람이 성공한다는 것은 이제 더 이상 새로운 사실도 아니다. 자신을 알기에 중심을 잃지 않고 변화할 수 있고, 그래서 성공적으로 살아갈 수 있는 것이다. 가끔 일을 손에서 내려놓고 휴대폰도 잠시 꺼두자. 처음엔 좀 불안할지 모르지만 익숙해지면 자신과 대화하는 기쁨을 알게 될 것이다.

내면의 변화를 위해서 두 번째로 해야 할 일은 바로 자기긍정에 대한 암시이다. 긍정적인 자기 암시는 매우 중요하다. 흔히 하는 말로 '말이 씨가 된다'고 하지 않는가. 그것과 같은 맥락이다.

"나는 제대로 하는 일이 없어." "나는 무능해." "아무도 나를 필요로 하지 않아."와 같은 부정적인 말들은 스스로를 그런 사람으로 생각하고 그렇게 되도록 하는 힘을 발휘한다.

"실수를 하긴 하지만 잘하는 일도 많아." "나는 이런 분야에선 정말 자신이 있다. 누구보다도 잘할 수 있다고 생각해." "나에겐 참신함 못지않은 노련함이 있다." "나는 나이보다 젊게 살려고 한다."와 같은 긍정적인 자기 암시가 인생에도 좋은 결과를 가져올 것이다.

물론 긍정적인 자기 암시가 간단하고 쉬운 문제는 아니다. 특히, 대한민국의 40대는 자신감이 약하고 늘 뭔가 부족하다며 자신을 채찍질하는 데 익숙하다. 그래서 처음엔 이런 긍정적인 자기 암시가 '왕자병'처럼 어색하고 낯 뜨겁게 느껴질지도 모른다. 하지만 계속 노력하고 연습을 하면 어느새 자신에 대한 긍정적인 태도는 물론 자신감이 커진다는 사실을 알게 될 것이다.

유명 개그맨 김형곤 씨의 돌연사는 세간에 큰 충격을 주었다. 과도한 다이어트로 인한 심근경색이 원인이었다고 한다. 그 역시 뜻하지 않은 죽음이었겠지만 안타까운 마음이 앞서는 것은 '자기 긍정'이 부족하지 않았나 하는 아쉬움 때문이다. 그의 과중한 체중이 심신을 괴롭혔을 것은 분명하지만, 시니컬함 가운데 푸근한 웃음을 주었던 자신의 캐릭터를 더 사랑하였더라면 하는 아쉬움이 남는다.

내면의 변화만큼 자신감을 주는 것은 없다. 40년이 넘는 인생을 살아오면서 어떻게 자신의 인생을 고인 물처럼 그냥 가져갈 수 있을까? 그동안 우리는 변화하진 않고 변질되기만 한 것은 아니었는지 생각해보자. 이제 한 단계 Jump Up 할 지점이고, 한 단계 업그레이드 할 시점이기도 하다.

변화는 남이 가져다주는 것이 아니라 스스로 만들어가야 한다. 그래서 자유로운 동시에 아슬아슬하다.

학교 다닐 적 체육시간에 하던 뜀틀을 기억할 것이다. 떡하니 버티고 선 뜀틀을 향해 달려가는 순간은 두렵고 떨리지만 그 도약에 성공하는 순간의 자심감과 쾌감도 기억할 것이다. 우리의 인생에도 이런 뜀틀을 넘는 순간이 있다. 물론 그것을 향해 달려가는 사람에게만 Jump Up 할 수 있는 기회가 주어진다. 당신에게도 이런 뜀틀이 준비되어 있는가? 인생의 뜀틀은 변화와 도약을 위한 준비물이다.

나를 바꾸는 것은 모험과 쾌감을 동반하는 힘이 넘치는 도약이다. 바로 지금 또 한 번의 도약을 준비하라.

PART 3

중년의 블루오션에 도달하는
7방신기七方神起 변화원칙

중년의 시상식을 즐겨라

KBS에서 하는 「그랑프리 쇼-여러분!」이라는 프로그램이 있었다. 참신한 기획이 돋보이는 이 프로그램은 출연자들이 서로 자기가 상을 받아야 한다고 심사위원들을 설득하는 내용을 담고 있다. 그 적극적인 모습이 재밌기도 하고 놀랍기도 해서 지켜보고 있었는데 문득 이런 생각이 들었다. 사십대가 가져야 하는 자세가 바로 이런 것이 아닐까?

사십대에 거는 기대가 크고 부담도 많다는 것이 사실이다. 쉽지만은 않은 이런 상황 속에서도 지금까지 열심히 살아왔다. 40년 이상을 착한 아들, 훌륭한 아빠, 좋은 남편이 되기 위해 발버둥쳤다. 가족과 직장을 위해 한눈팔지 않고 쉬지 않고 달려왔고, 나름대로 성공과 성취를 이루면서 살아왔지만 '장하다, 수고했다.' 라는 생각보다는 '당연한 일인데 못해내면 부끄럽다' 는 생각으로 칭찬은커녕 너무 당연하게만 여겨왔다.

이제 외부와 타인의 인정은 물론 본인 스스로의 인정이 필요하다.

문제는 우리 사십대가 칭찬에 익숙하지 못하다는 것이다. 누군가 칭찬을 하면 몸 둘 바를 모르고 '운이 좋아서죠.' 라거나 '아유, 별것도 아닌데 뭘요.' 라며 멋쩍게 웃을 뿐이다.

칭찬에는 그저 '고맙습니다.' 하면 된다. 건방져 보이거나 자만하는 것처럼 비춰질까봐 걱정하지 말자. 자만과 자긍심은 다르다. 가짜 겸손보다는 칭찬을 당당히 받아들이고 감사의 뜻을 표현하는 것이 아름답다.

타인의 칭찬도 이렇게 쑥스러운데 스스로 자신의 칭찬을 하며 상 받아 마땅하다고 말하는 것은 또 얼마나 어려울까? 나보다 잘난 사람이 얼마나 많은데 괜한 소리했다가 망신만 당하는 게 아닐까? 주책이라고 비웃음이나 사는 건 아닐까? 두려운 마음도 들 것이다.

그런 나약한 소리는 하지 말자. 벌써 마흔을 넘게 먹었다. 세상이 만들어주는 대로, 보여주는 대로 사는 것이 아니라, 자신만의 시선으로 보고 느낄 수 있는 나이가 된 것이다. 이것이 바로 중년의 장점이다. 삶에 대한 자신의 기준이 생기는 것. 이제 그 기준으로 세상을 보고 판단하고 그것을 지혜로 삼으면 된다.

내 인생은 다른 사람과 비교하기 위해 있는 것이 아니라 그 자체로 존재 가치가 있는 것이다. 돌이켜 생각해보면 나도 자긍심을 가져도 좋을 만큼 괜찮은 사람이 아닌가? 나의 노력, 나의 성과로 나를 격려하고 칭찬하고 상을 주어야 한다.

스스로에게 만족하고 스스로를 인정하고 대접하면 다른 사람의 대접도 달라진다. 세상은 자신을 반사하는 거울이기 때문이다.

인생을 80으로 본다면 40대는 딱 절반을 산 셈이다. 이제 나머지 반인 후반전이 남아 있다. 한번쯤 살아온 인생을 돌아보면서 앞으로 어떻게 살 것인가에 대한 생각을 할 때가 된 것이다. 무턱대고 생각해보기보다는 어떤 계기를 한번 마련해보자. 아직 다 산 것은 아니지만 자서전을 한번 써보는 것도 좋고, 자기만의 시상식을 가져보는 것도 좋다.

인생의 중반에서 써보는 자서전! 반성할 일도 많겠고, 뿌듯하고 자랑스러웠던 기억도 생각나고, 내가 하고 싶은 일이 무엇인지도 깨닫게 될 것이다. 이는 앞으로의 후반전을 위한 좋은 자기발견이 되고 미래를 위한 계획서가 되기도 할 것이다.

개인적으로는 자기만의 시상식을 권하고 싶다. 너무 거창하다고 할지도 모르겠지만 연예인들이나 유명인들만 시상식을 가지란 법이 있나?

시상식! 얼마나 흥분되는 단어인가?

시상식은 지금까지의 내 삶에 대한 성찰과 함께 성공적이었던 점과 아쉬웠던 점을 돌아보고 평가하는 자리가 될 것이다.

오늘날의 자리까지 온 기특하고 대견한 노력과 책임감은 맘 편히 자랑하고, 소중한 사람들에게 소홀하게 대하거나 나 자신에게 무심했던 점, 세상의 변화를 뒤로 한 채 그저 시간만 보내던 무사 안일주의의 모습은 변명보다는 반성으로 고쳐나가도록 하자.

어느 시상식이건 심사 과정이 있기 마련이다. 인생의 각 분야별로 상의 종류를 나누고, 그 분야별로 점수를 매겨야 한다. 그래야 수여되는 상의 가치가 제대로 인정받을 수 있을 것이다.

중년의 시상식은 일, 남편, 아버지, 대인관계, 건강, 외모, 그리고 시간의 7가지 부문이 있다. 각각을 통해 나는 어떻게 살아왔는지의 자신의 삶을 돌아보기 바란다.

점수는 천차만별일 것이다. 뜻밖의 결과에 놀라는 사람도 있을 테고 흐뭇한 자신감을 가지는 사람, 섬광 같은 깨달음을 느끼는 사람도 있을 것이다. 결과는 걱정하지 말고 시상식의 과정을 열심히 따라가자. 그 속에서 발전의 기회를 찾으면 되는 것이다.

　시상식이 끝나면 그 결과를 즐기자. 인생의 전반전을 열심히, 그리고 무사히 잘 살아왔다고 자축하자. 대신 그 트로피를 들고 샴페인을 터뜨리진 말자. 후반전이 우리를 기다리고 있기 때문이다. 다소 맘에 들지 않은 결과가 나왔더라도 너무 자괴감에 빠질 필요도 없다. 후반전에서 대역전극을 펼치면 되는 것이다.

　자, 그럼 가슴 설레는 중년의 시상식을 한번 시작해보자.

chapter 1

일方 :
고정된 이미지를 벗어던지면
창의성이 꽃핀다

우리에겐 사라오면서, 그리고 살아오면서 만들어진 참 많은 고정관념이 있다.

공부 잘하는 명문 대학생의 이미지를 떠올리면 단정한 머리에 검은 뿔테 안경을 쓰고 수더분한 옷차림, 오직 이를 악물고 공부만 하는 모습을 그리게 된다. 하지만 시대가 변하고 세월이 흐르면서 이런 얘기는 꽤 옛날이야기가 되어버린 것 같다. 요즘은 잘 꾸미고 잘 놀고 집안도 좋은 학생이 공부도 더 잘하는 세상이라고 하고, 명문대생의 이미지도 부티 나고 깔끔하고 세련된 이미지라고 한다. 비단 학생들의 이미지만 그런 것은 아니다.

얼마 전 어떤 기업의 중년 간부 한 분을 일 관계로 만나 봤는데, 나이에 비해 너무나 젊고 활기찬 이미지에 라틴 댄스를 취미로 즐긴다고 하여 깜짝 놀란 적이 있었다.

중견 간부라고 하면 의례히 떠오르는 무표정하고 근엄한 얼굴, 조금은 틀에 박힌 말과 행동을 전혀 찾아볼 수 없었기 때문이다. 물론 그 분은 회사에서도 인정받고 있었고 현재를 열심히 살면서 미래를 준비하는 분이었다. 그리고 무엇보다 즐겁게 사는 분이었다. 그래서인지 자신감과 여유가 넘쳐보였다.

어떻게 그렇게 활기차게 사시느냐고 대단하다고 칭찬을 드렸더니 그 분은 빙그레 웃으며 말한다.

"생각을 조금 바꾸었더니 행동이 달라지고, 그랬더니 인생도 달라지더군요."

처음엔 그분도 취미 생활 하나 없이 오로지 직장과 집을 오가는 시계추 같은 삶을 살았다고 한다. 당연히 야근에, 술자리, 행동반경은 직장의 틀을 벗어나지 못했다고 한다. 다른 거라곤 해본 적도 없고 할 줄 아는 것도 없고 나이는 먹어가고 불안하기만 했더란다.

그러던 어느 날, 가벼운 심장마비로 병원에 실려가 며칠 입원을 한 적이 있었다고 한다. 재밌는 것은 입원해 있는 순간에도 회사일은 어쩌지, 이 일로 인사 고과에 지장이 있으면 어쩌지 하는 걱정을 하고 있더라는 것이다.

"그깟 일이 내 건강보다 소중한 것도 아닌데 우습다는 생각이

들더군요. 일단 내 몸부터 챙겨야겠다 싶어 운동을 시작하려는
데 막상 뭘 해야 할지 모르겠더라고요."

헬스나 테니스 같은 것도 안 해본 것은 아니지만 별로 재미를
못 붙여서 얼마 못해 그만 두었었고, 수영은 전에 앓았던 중이염
이 재발할까 겁나서 못 하던 중, 유학 시절 아주 조금 맛봤던 라
틴 댄스가 생각났다고 한다. 처음엔 민망한 것 같아 회사 사람들
에게는 말도 하지 않고 배우러 다녔다고 한다.

그런데 뜻밖에 자신과 잘 맞는 운동임을 알았고 춤에도 꽤 소
질이 있다는 칭찬도 들었다. 그렇게 해서 건강도 눈에 띄게 좋
아지고 나중엔 동호회에 가입도 해서 젊은 친구들과도 어울리면
서 활기도 찾았다. 일주일에 한두 번 신나게 취미생활을 하니 회
사 일에 대한 스트레스도 줄어들고 감각도 점점 신선해져, 회의
하면서도 내놓는 그의 아이디어에 2,30대의 직원들도 감탄하더
란다.

'40대 남자가 무슨 라틴 댄스야?' 라는 고정관념을 버린 순간
그는 자기만의 우물을 찾게 된 것이다. 그 우물에서 휴식도 찾고
활력을 마시고 아이디어도 건진다.

일을 잘한다는 것, 인정받는다는 것, 성공한다는 것은 무엇일
까?

일에 자신의 모든 것을 바치고 전력투구하는 것? 조직에 충성하고 냉혹한 사회에서 어떻게든 적응하고 살아남는 것?

직장생활 과잉 적응자들은 자기를 직장과 일체화하여 직장의 논리를 자기 논리화하는 경향이 있다. 스스로의 삶을 버리고 직장에 충성한다. 자신이 삶의 중심축에 있는 것이 아니고, 직장을 중심축에 놓고 회전하고 있다. 심한 경쟁 속에서 살아남기 위해서는 그 방법이 최선이라고 생각하고 그렇게 세월을 보내왔다.

익숙해진 일거리에, 이미 해답이 나와 있는 문제들, 적당한 처세와 약속된 승진을 기대하고 열심히 살아왔건만 세상은 달라졌다. 그저 오랜 경험과 연륜, 넓은 안목만을 무기로 대충 뭉개면서 버틸 수는 없다. 차별화된 '한 방의 무기'가 필요하다.

사회가 요구하는 인재상도 점점 변하고 있다.

처음에는 성실한 제너럴리스트(Generalist)들이 인정받았다. 조직사회에 부품처럼 순응하고 튀지 않으면서 묵묵히 일을 하는 일꾼들이다. 그러다가 분업화, 전문화 바람이 불면서 스페셜리스트(Specialist)들이 각광받기 시작했다. 다른 것은 몰라도 자기 분야에서 만큼은 최고라고 말할 수 있는 전문가, 즉 한 우물만 판 사람들이다.

최근에 와서는 이 스페셜리스트들을 OR형 인재(이것 혹은 저것만 잘하는 사람이라는 뜻)라고 부르며, 거기에 대비되는 인재로 AND형 인재를 원하고 있다.

AND형 인재는 이것도 잘하고 저것도 잘하는 인재이다. 하나를 빼어나게 잘하는 것 이상으로 다른 분야에서도 일정 수준 이상의 식견과 실력을 갖췄다는 점에서 제너럴리스트와도 구별된다. 여러 분야에 두루 높은 수준의 실력을 가지고 있으면서 자신만의 특별한 '무엇'까지 가지고 있는 사람을 말한다.

중년의 직장인이라면 10년이 넘는 직장 생활을 바탕으로 자기가 일하는 분야에 대해서는 나름대로의 전문성과 식견을 가지고 있으리라고 생각된다. 이것 역시 좋은 장점이다. 하지만 그것만으론 부족하다. 이제 세월이 만들어준 경력 말고 당신이 스스로 만든 자신만의 무언가가 필요하다.

자신만의 방식이나 자신만의 차별성, 전문성을 가지려면 창의성이 필요하다. 창의성은 예술가나 건축가, 작가들과 같은 일부 직업군에만 해당되는 이야기가 아니다. 모든 일에 있어서 당신의 색깔을 입히는 일, 당신의 업무에 새 바람을 불러일으키는 일이다.

너무 어렵게 생각하지 말고 작은 일에서부터 시작해보자. 몸은 비록 일상에 있더라도 생각을 바꾸면 차차 변화가 시작된다.

내가 진정으로 원하는 것은 무엇인가를 먼저 생각해보자. 그리고 내가 잘할 수 있는 것과 즐겁게 할 수 있는 것을 생각해보

라. 아니면 평소에 꼭 해보고 싶었던 일도 좋다. 그리고 그중에서 하고 싶은 것을 택해서 그 일을 해라. 취미생활이든 공부든 일이든.

무엇이든 새롭게 흥미를 가지고 시작하면 자신만의 재능이나 기질을 발견하게 된다. 40대에 새롭게 맞게 되는 심리적, 육체적 변화는 그동안 잠자고 있던 감수성을 깨우고 당신은 주변 모든 것에 관심을 가지게 될 것이다. 현관문을 열고나서는 순간의 시원한 바람, 차를 몰고 일터로 가는 도중에 무심코 던진 시선에 들어오는 계절의 변화. 언제나 그 자리에 있었을 텐데도 애써 무관심했던 자연. 낭만은 부질없는 것이라고 스스로를 진정시키며 관심을 기울이지 못했던 소중한 일상의 흔적들.

식품회사의 식음료 부서에서 과장으로 일하던 C씨(41)는 최근 카페 창업 컨설팅을 시작했다. 오랫동안 차와 커피 음료에 관한 일을 해서 그 방면에는 전문가 수준이라 할 수 있는데다가 본인이 커피를 몹시 좋아했었다. 그래서 따로 커피에 관련된 책을 탐독하는 것은 물론이고 서울 시내의 유명한 커피 전문점 방문도 기본이다. 해외여행을 갈 때도 그곳의 커피를 꼭 구입하고 그 나라의 커피숍은 가능하면 꼭 방문했었다. 그러면서 개인 블로그에 자료를 하나씩 모으고 정보를 올리다가 친구의 커피숍 창업을 도와주게 되었고, 그 커피숍이 성공하면서 문의를 해오는 사람도 많아졌다. 좋아하는 일이다 보니 피곤하지도 않았고 아이디어가 끊임없이 쏟아졌다. 결국 그는 그 분야의 전문가로 통하게 되었고 자신의 카페는 물론 카페 창업 컨설턴트로서 새 인생을 살게 되었다.

차와 음료 분야의 노하우와 자신의 특기인 커피를 자신만의 '지적 자산'으로 만든 좋은 케이스이다. 지금도 그는 즐겁게 커피에 관한 정보를 수집하고 공부를 하면서 자신의 자산을 끊임없이 키워가고 있다.

자아가 속삭이는 목소리에 귀 기울이고 당신이 진정으로 원하는 것에 관심을 가지는 것은 이렇게 중요하다. 그리고 끊임없이 생각하고 마음껏 상상하라. 생각과 느낌은 고유한 자기 에너지를 가지고 있다. 생각은 아무것도 아닌 게 아니라 '힘'이다. 바로 창의력이다.

이제 그만 자신에게 세상을 구제하는 영웅의 임무를 부여하려 들었던 젊은 시절의 환상에서 벗어나라. 세상에서 알아주는 직함을 갖는 것보다는 당신에게 의미 있는 일을 해야 한다.

일과 삶은 분리되어서는 안 된다. 일이 그저 품삯이어서만도 안 되고, 일이 다른 삶을 희생시켜서도 안 된다. 일과 삶은 어우

러져서 균형을 이루어야 한다.

　성공의 진정한 의미는 과연 무엇일까? 달라이 라마는 이렇게
이야기 했다.

　"성공의 평가란 당신이 그 성공을 얻어내기 위해 포기해야만
했던 것들로써 평가하셔야 합니다."

chapter 2

아내方 :
남편을 벗어던지면
남자가 부활한다

▪▫ 에피소드 1.
▫▪

어느 30대 후반의 부부가 휴일에 아이들과 함께 교외로 드라이브를 갔다. 날씨도 좋고 경치도 아름답고 간만에 가족들과 좋은 시간을 보내고 있었는데 저만치 맞은편에서 중년의 커플이 다정하게 손을 잡고 걸어가는 것을 보았다. 아내는 왠지 기분이 좋아져 남편에게 말했다.

"여보, 참 보기 좋다. 그치? 나는 저렇게 나이든 부부가 손을 잡고 다니는 게 참 보기 좋더라. 우리도 나이 들어서도 서로 손 꼭 잡고 다니는 그런 멋진 중년 부부가 되자."

"당신 눈엔 저 사람들이 부부로 보여? 중년에 손잡고 다니는 사람들, 다 불륜 커플이야. 아닌 것 같아? 어느 남자가 잡은 물고기에 먹이를 주냐? 내기해도 좋아."

▪️ 에피소드 2.

40대 중반의 회사원 C씨는 저녁에 손님 접대 때문에 늦게 들어왔다. 아내는 남편이 들어오는지 마는지 쳐다보지도 않고 드라마 삼매경에 빠져 있다. 집에서 키우던 개가 나갔다 들어와도 쳐다는 볼 텐데, 라는 생각이 들어 남편은 서운했다. 게다가 저녁이 부실했는지 배까지 고프다. 밥 좀 챙겨달라고 했더니 아내가 와락 짜증을 낸다.

"아니, 이 시간까지 밥도 안 먹었어? 드라마 끝나가니까 조금만 기다려요."

그러더니 찬밥에 김치에 밑반찬만 달랑 주고는 안방으로 들어간다. 그런데, 잠시 후 학원 갔다가 아들이 돌아와 밥 먹겠다고 하니 계란프라이까지 해주는 게 아닌가. 아들을 질투할 수도 없는 노릇이고 예전에 쌈을 싸서 입에 넣어주기까지 했던 그때의 아내가 그립기만 했다.

　결혼 10년 차의 직장인 J씨는 요즘 들어 공연히 마음이 허해지는 것이 떨어지는 낙엽도 예사롭게 보이지 않는다. 오로지 가족을 위해 숨 가쁘게 뛰어온 십여 년. 이제는 아내와의 관계도 무덤덤해지고 살과 살이 부딪쳐도 내 살인 양 여겨진다. 처음 아내를 만났을 땐 손끝만 스쳐도 짜릿하고, 목소리만 들어도 가슴이 떨렸는데……

　남산 만해진 아내의 엉덩이를 생각하면 한숨만 나고 더 이상 여자 같은 생각도 들지 않는다. 나 역시 주름지고 배 나오는 건 마찬가지면서. 종종 나도 별 수 없이 늙어가는구나 싶으면 이렇게 내 젊음이 끝나는 건가 불안하기만 하다. 어떤 연속극에서는 중년의 남자가 대학생과 연애도 잘만 하던데 나라고 못할 것은 없다 싶기도 하고, 사람이 할 짓이냐 싶기도 하다. 진짜 얼굴을 맞대고 만나는 여자가 아니더라도 채팅으로나마 마음을 나눌 수 있는 여자 친구 하나 사귀고 싶다는 생각을 하곤 한다.

　이 에피소드들은 남의 이야기도 아니고, 드라마 속 이야기도 아니고, 실제 중년 부부들의 모습, 그 현주소들이다. 가슴을 설레게 만들고 마음을 흥분시키는 사랑의 유효기간이 2년이라던가, 3년이라던가? 열렬히 사랑하고 바라만 봐도 기분 좋던 감정도 10년 정도 '생활'이라는 전쟁터 앞서는 빛이 바래고 마는 것일까? 이제 그때의 수줍던 여자와 멋진 남자는 온데간데없다. 그저 아내와 남편, 엄마와 아빠가 있을 뿐이다.

남편들은 매일 아침 부스스한 모습으로 마주하는 아내의 모습에서 여자의 매력이란 찾아볼 수 없다고 말한다. 모처럼 저녁 약속을 하고 아내를 기다리며 조금이라도 달라진 아내의 모습을 기대해보지만 약속 장소에 나타난 아내는 여느 아줌마와 다를 것이 없다. 오랜만에 분위기 있는 레스토랑에서 고기라도 썰고 싶지만 아내는 손사래를 치며 설렁탕이나 한 그릇 먹고 들어가자고 한다. 그러면 당신은 바로 짜증을 내며 모처럼 기분 내는데 꼭 그렇게 아줌마티를 내며 돈 타령만 하느냐고 타박을 주지는 않았는지, 다른 여자들과 비교하지는 않았는지, 지나가는 젊은 여자에게 은근히 눈길을 돌리지는 않았는지, 당신은 어쩌다가 이 모양이 됐나 한숨 쉬지는 않았는지 모르겠다.

아내가 왜 지금의 모습이 되었는지는 깊이 생각하지도 않고, 다정한 포옹 한번 해주지도 않고, 가끔 아내가 옷을 사거나 머리 모양을 바꿀 때 칭찬 한마디 하지 않고, 심지어는 알아보지도 못하는 남편은 아니었는지 한번 생각해보라. 당신 자신은 이미 매력 있는 남자의 모습이 아님에도 불구하고, 아내 탓을 하고 있지는 않은지 말이다.

남의 떡이 커 보인다는 말이 있다. 늘 상 보고 함께 살던 아내이기에 그녀의 장점이나 매력에 무감각해지고, 종종 다른 여자들이나 남의 아내들이 더 괜찮아 보인다.

시골에 사는 중년의 남편이 장날 읍내에 갔다. 읍내 여인들은 자신의 아내와 달리 모두 세련되고 예뻐 보였다. 남편은 집에 돌아와 아내에게 투정을 부렸다. 남편의 투정에 괴로워하던 아내는 "내가 싫으면 친정에 가 있겠다."고 했다. 남편도 그렇게 하라고 했다. 아내는 모처럼 친정에 가려고 목욕도 하고 예쁘게 화장도 했다. 그런 아내의 모습을 본 남편은 깜짝 놀라고 말았다. 아내가 너무나 아름다웠기 때문이다. 남편은 겸연쩍은 웃음을 띠며 아내를 붙잡았다. 그리고 한마디 했다고 한다.

"농담도 못해?"

당신의 아내도 지금 당장 꾸미고 나가면 다른 남자의 시선을 끌 수 있다. 단지 자신을 꾸미는데 드는 에너지를 다른 곳에 쏟고 있을 뿐이다. 당신이 그렇게 하고 있는 것처럼 말이다.

가끔 아내에게 불만이 생기면 그녀가 지금 당장 당신을 떠난다고 상상해보자. 그럼 어떤 기분이 드는가? 막막하고 가슴이 덜컥 내려앉을 것이다. 종종 너무 가까이에 있기에 귀한 줄 모르고 지나가는 것이 우리에겐 너무 많다.

얼마 전 인기리에 방영된 드라마 '연애시대'는, 이혼한 후에도 서로에게 애틋한 맘을 숨기고 가까이 지내면서 만나고 지켜보는 부부의 이야기를 보여줬다. 그들은 서로 마주하는 걸 힘들어 하면서도, 인연을 끊지 못하고 계속 만나는 묘한 관계를 지속해나간다. 그 드라마 대사 가운데 남자의 이러한 대사가 있었다.

"예뻤는데, 눈부셨는데, 네가 뭘 해도 가슴 뛰던 때가 있었는데……"

칼국수로 속을 풀겠다고 후루룩 쩝쩝 먹고 있는 여자를 바라보며 남자가 속으로 내뱉는 말이다. 얼핏 들으면 여자의 변한 모습에 정나미가 떨어져 하는 소리로 들릴 수도 있겠지만, 내가 듣기엔 그게 아니었다. 자기가 거울 속에서 변해가듯 여자도 같이 변해가는 것이다. 내가 인생이 쓰고 허탈하다 느낄 때, 그녀도 같이 그럴 것이라는 동질감이 그 안에 묻어나 있었다. 누구와도 공유할 수 없는 동질감을 가지는 나의 배우자에게 어떠한 방식으로든 사랑을 고백한 적이 있는가? 표현하지 않으면 어찌 알겠는가?

그저 은근하게 가족을 아끼는 내 마음을 이심전심으로 느끼라는 식이다. 이제 말하지 않아도 알겠지 하는 식의 사랑은 좀 접어두자. 그동안 표현을 너무 아껴둔 것은 아니었을까?

당신도 이제 남편만을 고집하지 말고 남자를 찾고, 아내에게도 여자를 찾아주자.

먼저 아내의 말에 귀를 기울이고 함께 대화를 시도해야 한다. 아내가 무슨 말만 해도 "당신이 뭘 안다고 그래?" 하며 무시하지는 않았었는지 생각해보라. 사실 아내가 허튼 소리를 하는 것 봤는가? 이야기를 하다보면 당신에게 도움이 되면 됐지 해가 되진 않는다. 먼저 아내의 이야기를 들어주는 것만으로도 부부관계는 좋아지기 시작한다. 갑자기 선물을 한다거나 무작정 잠자리를 요구하면 아내는 당황해 할 것이다. 한편으론 이 사람이 갑자기 왜 이래? 바람이라도 피는 것 아냐? 하는 의심을 갖게 할지도 모른다.

먼저 서로의 마음을 이야기 할 수 있는 분위기를 만들면서 이제 우리도 우리의 인생을 조금은 찾으면서 살자는 이야기를 함께 하는 게 좋다. 그동안의 수고를 칭찬하면서 말이다.

그리곤 아내에게 말과 행동으로 표현하자. 중년 남성들에게 "아내에게 고마움을 느낀 적 없느냐?"고 물어보면 대개가 "그렇죠, 뭐." 하며 쑥스러워하고는 만다. 아내에게 고마움을 직접 표현한 적이 있냐고 물어보면 "에이 그런 말을 뭐 꼭 해야 아나요?"란다.

심지어 겸손이라는 미명아래 다른 사람이 아내를 미녀라고 칭찬하면 "속이 고와야지 얼굴만 반반하면 뭐 합니까."라며 아내의 자존심을 짓밟지는 않았는가?

오히려 "고맙습니다! 실은 제 아내는 얼굴 못지않게 마음씨가 더 고운 여성이지요."라며 아내의 체면을 세워주는 남편이 되어보자. 직접 말과 행동으로 보여줘라. 그날 저녁 식탁 메뉴가 달라질 것이다.

두 번째, 아내와의 약속을 지켜라. "다음엔 꼭 지킬게." 늘 하는 거짓말이다. 매번 거짓말로 끝날 줄 알면서도 남편들은 오늘도 핑계를 댄다. 당신의 코를 한번 만져보라. 혹시 피노키오처럼 길어지진 않았는가? 결국 아내는 당신이 무슨 약속이나 결심을 해도 믿지 않고 당신에게서 기대를 거두고 만다.

세 번째, 아내에게 여자로서 들을 수 있는 칭찬을 해줘라. 하루에 아니 일주일에 한 번이라도 "당신은 예쁘다. 당신은 아직도 젊은 몸을 갖고 있다. 당신의 몸매는 아직도 매력적이다."라고 이야기해보자. 그러면 아내는 본인의 얼굴과 몸을 한 번 더 보고, "아직도 매력적인 데가 있긴 있어. 가꿔야지." 하면서 표정과 몸매를 가꾸기 시작한다.

마지막으로 가끔 아내에게 선물이나 이벤트를 해줘라. '내 돈 주고 사기는 아깝지만 받으면 기분 좋은 것'이 바로 선물이다. 꽃다발, 실크 속옷, 화려한 색상의 립스틱 등을 선물하거나 젊은 이들이나 챙긴다고 생각했던 밸런타인데이나 화이트데이 때 깜짝 이벤트를 해보자. 신문을 구석구석 뒤지든 인터넷을 서핑하든 온갖 수단을 다 동원해 그럴듯한 선물이나 행사준비를 하자. 어떤 때는 본 게임보다 준비 게임이 더 즐거울 수 있다.

"이런 쓸데없는 선물은 왜 사왔냐고 뭐라고 하면 어쩌지? 돈이 남아돌면 그냥 현금으로 달라거나 용돈을 깎자고 하면 어쩌지?"

"우리 마누라는 밸런타인데이가 뭔지나 알까? 아마 알기는 알겠지만 매스컴에서 너무 떠들어댄다고 신경질이나 부리고 있겠지. 비싼 초콜릿 팔기 위한 상술이라고 비웃거나 애들처럼 서양 풍습을 따라한냐고 욕을 할지도 몰라."

이런 식으로 자신의 마음을 아내에게 덮어씌우려는 중년 남편은 비겁하다. 한두 번 핀잔이 뭐가 두려운가. 당신의 점차적이고 꾸준한 변화는 아내의 마음을 움직일 것이고, 당신이 남자가 되어 아내를 대하면 아내는 다시 여자로 태어날 것이다.

중년은 안정적인 시기이면서 동시에 위험한 시기이다. 유혹의 손길이 뻗히는 위기도 중년이다. 종종 새로운 사람에 대한 동경과 기대로 흔들리기도 한다. 하지만 바꾸어 보았자 내 사람보다 좋은 사람 만나기는 더 힘들다. 변화는 파트너를 바꾼다고 일어나는 게 아니라 자신의 마음을 바꾸어야 일어난다. 부부 관계가 다소 권태롭다면 지금까지와는 다른 새로운 뭔가를 시도해보자. 서로 평소 입지 않던 옷도 입어보고, 가지 않던 장소도 가보고, 짜릿한 다른 요소를 끌어들여보자. 서로의 색다른 모습을 발견해보는 것도 재밌는 일이 될 것이다.

소중한 것은 가까이에 있다. 평범해 보이는 내 배우자 속에 빛나는 보물이 있다. 미운 오리인 줄 알고 살아왔지만 다시 잘 보면 우아한 백조이다. 다른 길 찾아보지만 결국 처음 관계가 최선이라는 것, 그리고 그 관계를 다이내믹하게 유지하는 것은 바로 나 자신이라는 것을 우리는 잊지 말아야 한다.

chapter 3

자녀方 :
아버지를 벗어던지면
아이와 친구가 될 수 있다

어떤 아버지가 어린 딸들에게 콩쥐팥쥐 이야기를 들려주고 있었다.

"새 엄마는 자기가 데리고 온 팥쥐만 예뻐하고 힘든 일은 콩쥐한테만 시켰대. 그러던 어느 날……"

이야기가 끝나자 딸들이 이해할 수 없다는 표정으로 물었다 .

"아빠! 콩쥐 아빠는 그때 뭐했대?"

"콩쥐 아빠? 글쎄, 그런데 그건 왜?"

"아빠가 있는데도 힘든 일을 아이들 시켰다니까 그러지."

"……?!!"

아버지도 할 말이 없었다. 분명히 한 가족의 이야기인데 왜 늘 아빠는 빼놓았을까? 콩쥐 아빠가 좀 더 노력했더라면 팥쥐 엄마도 마음이 열렸을까? 콩쥐 아빠가 콩쥐에게 좀 더 관심을 기울였다면 콩쥐는 그런 모진 구박을 피할 수도 있지 않았을까?

가정사에서 아버지는 어쩐지 뒷전인 존재다. 어느새 아빠라는 존재는 밖에서 돈이나 벌어다 주는 사람이 되었다. 초등학생 아이가 '아버지는 어떤 존재일까요? 우리 동네에 있는 여러 장소에 빗대어 설명해보세요.'라는 숙제에 엄마는 식당, 미장원, 도서관, 세탁소, 병원 등 여러 답을 했지만 아빠에는 달랑 '은행' 하나만 썼다는 이야기가 더 이상 남의 이야기가 아니다.

물론 경제적인 역할은 기본이 되고 아주 중요한 부분이긴 하지만 아빠의 역할이 그것이 전부가 되어서는 안 된다.

아이들과 좀 친해지고 이야기도 나누고 싶지만 영 쉽지가 않다는 것을 느낄 것이다. 어릴 때는 퇴근하고 돌아오면 달려들어 귀찮게 매달리기도 하고, 학교에서 한 숙제나 시험지를 들고 와서 내 앞에서 자랑도 했지만, 지금은 마주보고 앉아 있는 시간조차 거의 없는 것 같다. 인사만 슥 하고 방문을 닫고 들어가버리는 아이들. 막상 방문을 열고 무슨 질문이라도 할라치면 무슨 말을 어떻게 시작해야 될지 모르겠다.

"요즘 공부는 잘 되니?"

"뭐, 그냥 그렇죠."

"그런 대답이 어디 있어? 남 얘기 하듯. 그러니까 성적이 떨어지는 거 아냐."

"……"

"이 녀석이. 아빠가 물으면 대답을 해야지."

"어휴(한숨), 네. 알았어요."

이렇게 대화가 진행되면 아들은 이제 아버지가 방문 열고 들어오는 것조차 싫어하게 된다. 아버지도 처음에는 그럴 맘이 아니었는데 결국 대화가 아니라 잔소리만 하다 나온 셈이 된다. 왜 그럴까? 아들이 무엇을 생각하고 있는지를 모르고 있기 때문이다. 아들 입장에서 생각하지 않고 아빠 입장에서만 생각하고 아들을 바라보기 때문이다. 지금 당신 자녀의 관심사가 무엇인지 무엇을 좋아하고 싫어하는지 과연 당신은 어렴풋이나마 알고 있는가?

서로 생각하고 있는 바가 다르면 대화는 엇나갈 수밖에 없다.

잠깐 어긋난 대화의 진수를 보여주는 유머 하나를 소개해볼까 한다.

딸과 아빠가 레스토랑엘 갔다. 분위기도 좋았고 잔잔하게 흐르는 음악이 너무 좋았다 '돈까스'를 주문하여 맛있게 먹고 있던 중, 잔잔히 흐르는 음악에 취한 딸이 아빠에게 물었다.

"아빠! 이게 무슨 곡(曲)이에요?"

"응! 돼지고기란다."

"……"

하하. 이건 그저 우스갯소리라고 웃을 수도 있다. 그런데, 혹시 당신도 아름다운 음악 이야기를 하는 자녀에게 엉뚱하게도 돼지고기 이야기를 하고 있지는 않을까?

당신의 모습이 자녀에게 어떻게 보일까 한번쯤 생각해 보았는지 모르겠다. 늘 일에 바쁜 아버지, 무뚝뚝한 표정으로 신문을 보는 아버지, 집에 오면 피곤하다며 누워서 하루 종일 텔레비전만 보는 아버지, 혹은 자기 할 말만 하고 듣지는 않는 아버지는 아닌가?

아이들에게 가장 좋은 아버지는 친구 같은 아버지라고 한다.

근엄하고 어려운 아버지보다 친구처럼 같이 대화하고 함께 놀수도 있고 배우기도 하고 고민을 들어줄 수 있는 그런 아버지 말이다. 아이가 아직 살아보지 않은 아버지의 눈높이에 맞추기는 어렵다. 하지만 아버지가 이미 살아본 나이의 자녀에게 눈높이를 맞추는 것은 불가능하진 않다. 그 나이 또래가 가지는 생각, 고민, 소망을 이해해주어야 한다. 짐작을 하라는 게 아니라 같이 시간을 보내고 대화하면서 아이들을 알아가는 것, 그것이 바로 아이들과 친구가 되는 첫 번째 단추다. 아이가 잘하는 것을 지켜봐주고 관심 있어 하는 것을 함께 즐겨라.

나는 어렸을 때 항상 생일이면 아버지에게 선물을 받는 친구가 부러웠었다. 그 친구의 아버지는 어떻게 알았는지 우리 또래가 좋아할 만한 선물을 사주셔서 다른 아이들의 선망의 대상이었다. 정말 좋은 아버지가 아니었나 싶다. 항상 아이의 생활을 들여다보며 아이가 원하는 것이 무엇인지 관심을 기울였다는 증거이니까.

그리고 두 번째, 바로 표현이다. 앞에서도 말해왔지만 표현과 대화만큼 마음을 여는 훌륭한 열쇠는 없다. 아무리 마음속으로 자녀를 사랑하고 생각하면 뭐 하나. 마음으로 100번 생각하는 것보다 한 번 칭찬하고 쓰다듬고 안아주는 것이 아이들의 마음을 움직인다.

지금까지 우리는 아이들을 너무 예뻐하면서 키우면 버릇이 없어지고 아이를 망칠 수 있다고 생각했다. 그래서 사랑도 이유 없이 자제했는지 모른다. 아이들이 잘못했을 때 나무라지 말라는 말이 아니다. 물론 아이들에게 매도 필요하다. 내가 말하고자 하는 바는 '관심'이다. 사랑을 충분히 표현하고 때론 벌도 줘라. 사랑의 표현은 자제하면서 나무라기만 한다면 아이들은 상처 받고 당신으로부터 멀어지게 된다.

세 번째, 아이들에게 보여줘야 하는 사랑을 미루지 말자.

아이들에겐 그 시기에 맞춰 원하는 것과 좋아하는 것이 있다.

유치원 다니는 딸이 원하는, 누우면 눈이 감기는 인형은 그때 사줘야 한다. 고등학생이 된 뒤에 그 인형 100개 사준들 딸이 행복해 할까? 초등학교 다니는 아들이 그렇게 좋아하던 장난감 칼싸움, 피곤하다고 안 해주다가 고등학생이 된 아들과 함께 할 수 있을까?

지금 아이들에게 필요한 것을 가능한 많이 해주는 것이 좋다. 바쁘겠지만 틈틈이 여행도 다니면서 아이들에게 추억을 만들어주고, 퇴근하면서 맛있는 간식도 사가자. 아이들에게 밤참을 사다주면서 점수를 딸 수 있는 시간도 얼마 남지 않았다.

마지막으로 명심할 것은 아이들을 믿고 지지해주라는 것이다. 아이의 꿈과 재능을 적극적으로 격려하고 지지해주라. "네가 무슨 연예인이 된다고 그래?" 또는 "그 성적으론 어림없다.", "아빠 네 나이 때 너처럼 꿈이 작지 않았는데 넌 왜 그러니?"라는 말로 아이들의 기를 꺾지 말자. 아이가 기대에 못 미치더라도 아이의 상황을 이해하고 적절한 도움을 줄 수 있도록 노력해야 한다. "아직은 부족하지만 열심히 하면 될 거야", "넌 충분히 할 수 있어.", "아빠 네 꿈에 대해서 아직 잘 모르니까 어떤 것인지 설명해줘. 내가 밀어주지." 이런 이야기가 아이들이 아빠에게 듣고 싶어 하는 말이다.

아이들과 친해지는 것은 그리 어려운 일이 아니다. 아이들의 눈높이에 나를 좀 맞추면 된다. 아이들은 전지전능한 아빠를 원하는 것이 아니다. 실수도 하고, 우스갯소리도 곧잘 하는 인간적인 아빠를 원한다. 그리고 무엇보다 나와 친한 아빠이길 원한다.

당신이 마음먹고 변화하면 이제 아들 방문을 열고 들어가서 하는 대화가 달라지지 않을까.

"아, 음악 듣고 있구나. 이건 누구 노래지?"

"델리스파이스요."

"그렇구나. 일전에 너 크라잉넛 좋아한다고 하던데, 이번에 공연하더구나."

"네, 아빠도 아셨네요? 가고 싶긴 한데, 돈이 모자라요."

"그래? 그럼 아빠가 표 한번 알아볼까?"

"와! 정말요?"

"그럼. 대신 아빠가 표 구해주면 넌 이번 일요일에 아빠랑 등산가는 거다."

"네, 좋아요."

무거움과 무뚝뚝함을 벗고 좀 더 가벼운 아빠가 되어보자. 그리곤 정말 Fly Daddy, 나는 아빠가 되어보자. 슈퍼맨 아버지보단 훨씬 쉽지 않을까?

자식들과 보다 친하게 지내고 싶은 아버지는 중년의 공통된 소망인 것 같다. 가족 안에 희망이 있고, 내가 있기 때문이다. 얼마 전 개봉한 영화 「플라이 대디」. 일본 소설 『플라이 대디, 플라이』를 원작으로 하는데 학교에서 맞고 온 딸을 위해 겁쟁이 아버지가 학교의 문제 학생에게서 싸우는 법을 배워 실망한 딸에게 사랑을 회복한다는 내용이다. 다소 황당한 설정이긴 하지만 지금까지 고정된 이미지의 아버지와는 다른, 변화하는 아버지들의 마음을 어느 정도는 반영하지 않았나 하는 생각이 든다.

아이와 친해지고 싶은 아버지 마음이야 매 한 가지지만, 한 반에 1/3 정도가 싱글 맘, 싱글 대디라고 하는 요즘의 가정 상황을 보면서 간절한 마음에 좀 더 덧붙여본다.

나 역시 아내 없이 아들하고만 가정을 꾸려나가고 있는 싱글 대디다. 엄마 아빠 노릇을 한 몫에 해야 하는 아빠의 심리적 부담이 현실로 나타날 때면 엄마의 빈자리가 크다고 느껴진다. 무엇을 어떻게 해야 할지 모를 때에는 아이 키우는 매뉴얼 북이라도 있었으면 하는 바람을 가진 적이 한두 번이 아니었다. 우려했던 사춘기, 아들의 방황과 반항에 놀라고 속상하기도 했다. 하지만 그런 시련 또한 성장과정의 전형적인 행태이고 지그재그 스텝을 알아야 똑바로 걷는 법도 알 수 있을 것이라는 믿음으로 서로 이해하는 마음을 점점 넓히는 훈련을 계속하고 있다. 중요한 것은 처한 환경 그 자체가 아니라 그것을 극복할 수 있는 요소들을 만들어가는 데 있다.

싱글 대디로 살아가는 데는 여러 가지 어려운 점도 많고, 그래서 더 가정 안팎으로 신경 써야 할 부분이 많지만 그 중에서도 자녀와의 관계와 의사소통이 가장 중요하지 않을까 싶다.

'싱글 대디'가 아이를 키울 때 참고해두면 좋은 수칙을 써보자면.

1. 왜 엄마가 없는지 눈높이에 맞춰 설명하라. 이혼이든 사별이든, 상황을 알아야 아이가 적응한다.

2. 엄마에 대한 비방이나 미화, 둘 다 피하라. 지나친 증오나 그리움은 아이 정서 발달에 좋지 않다.

3. 아이와 긴밀한 대화를 자주 나누라. 의사소통의 어려움을 없애는 것이 가장 중요하다.

4. 애정표현을 의도적으로 자주 하라. 엄마가 줄 수 있는 사랑을 대신이라도 주어야 한다.

5. 정보를 구하고, 주변에 도움을 청하라. 각종 교육 프로그램에 참가해 부모 역할에 대해 배워라.

물론 이 방법이 100% 잘하는 것이라 장담할 수는 없다. 그리고 나 역시도 종종 이 방법을 지키지 못할 때도 있다. 그러나 나는 아들에게 내 나름의 최선을 다한다. 예를 들어, 주말이면 기숙학교에서 돌아온 아들과 항상 잠자리를 같이한다. 물론 억지로 하는 것이 아닌, 정말 사랑스럽고 좋아서, 보고 싶어서 그러는 것이다.

아들과 나는 오랜만에 본 만큼 많은 대화를 나눈다. 나는 가능한 아들의 시시콜콜한 이야기를 다 들어주려 애쓴다. 그래야 내가 아들에게 하고픈 얘기도 들어줄 테니까 말이다.

영화에서나 보여질 법한 아이들을 향한 아버지의 뜨거운 가슴이 내게도 있다는 것을 마음껏 보여주고 마음껏 표현하자. 아무리 표현해도 모자라기만 한 것이 그 마음 아니었던가.

chapter 4

친구方 :
나이 들수록 남는 것은
사람밖에 없다

아직 장례식의 의미를 깨닫시 못하고 있을 무렵 나는 내 은사님의 부친상에 갈 기회가 있었다. 그때 아버지를 잃은 시름에 힘겨워 하시던 선생님께서 동기들과 함께 밤을 새우고 나서는 내게 한마디를 해주셨다.

"너희들이 와서 북적대는 바람에 내가 슬픔을 좀 잊을 수 있었다."

그때 나는 생각했다. 경조사에 큰 의미를 두는 한국인의 풍습을 마땅찮게 생각했었는데, '아, 이런 이유에서 그랬었구나.' 싶었던 것이다. 내가 죽는다면 누가 나의 가족을 위로해줄 수 있을까? 하나, 둘, 그래도 떠오르는 이름들이 있으면 마음이 따뜻해진다. 그런데 요즘은 이 경조사를 찾는 의미가 많이 퇴색했다.

실제로 부모님 상을 당했을 때 남자들은 나로 인해서 문상객이 몇 명이나 왔는가에 은근한 관심을 가진다. 남자 형제가 여럿일 경우 형 손님은 몇 명인지 동생 손님은 몇 명인지 자기도 모르게 헤아리게 된다. 그렇게 문상객수를 자기가 살아온 삶이 성공적이냐 아니냐를 가늠하는 한 척도로 받아들이고 있는 것이다.

직장인 S씨는 얼마 전 퇴직한 상사의 모친상에 다녀와서 마음이 우울해졌다. 퇴직을 한 뒤라 그런지 문상객의 수가 생각보다 많지 않았던 것이다. 어쩐지 그 선배가 초라해 보이는 것도 같고 이런 풍경이 전혀 남의 이야기만은 아닌 것 같아 씁쓸했던 것이다. 하긴 요즘은 퇴직이 워낙 이르다 보니 많은 동료나 선배들이 하는 걱정들이 이런 '나의 경조사에 얼마나 많은 사람들이 찾아올까' 하는 것, 그리고 '퇴직 전에 자식들 시집, 장가를 보내야 본전(?)을 뽑는 게 아닌가' 하는 얄팍한 생각들이다. 이런 자리에 와서 진심 어린 위로보다도 고작 문상객의 수나 헤아리면서 그런 걱정이나 하고 있는 자신을 생각하니 더 한숨이 나왔다.

또 다른 40대의 직장인 M씨는 또 다른 고민에 빠져 있다. 애주가였던 그는 얼마 전 의사로부터 지방간이 심해졌다는 이야기를 듣고 술을 끊기로 했다. 십 몇 년을 술자리를 쫓아다니던 그였기에 쉽지 않았지만 이제는 건강을 소홀히 할 수 없는 나이였기에 독한 마음을 먹었다.

그런데, 술을 마시지 않는 것은 그럭저럭 견딜 만한데 심심해서 견딜 수가 없는 것이다. 친구들이 대부분 술친구였던지라 술자리에 참석을 하지 않으니 만날 사람이 없는 것이다.

회사 동료와도 그렇고 동창들과도 그렇고 술 한 잔 하지 않고 이야기하자니 뭔가 맹맹한 것이 영 어색하기만 하고, 진지한 이야기를 하려고 해도 알코올이 들어가지 않으니 이야기가 겉돌기만 할뿐 허심탄회하게 나오는 것 같지도 않았다. 술의 힘을 빌지 않으면 친해질 수 없는 관계들뿐이었단 말인가? M씨는 처음으로 자신이 지금까지 만들어온 인간관계에 대해서 고민해보기 시작했다.

나이 듦은 사람을 외롭게 한다. 자기 입지가 좁아져 간다는 불안감, 그리고 이로 인해 인간관계마저도 좁아진다는 혹은 단절된다는 두려움도 커져간다. 그래서인지 남자들은 나이가 들수록 연대의식에 더 집착하는 경향을 보인다. 이 연대의식에 몰두하면서 그 관계를 돈독히 하기 위해 지나치게 많은 시간과 노력을 허비한다. 물론 인간관계는 중요한 것이다. 하지만 깊이 없는 마당발식 인간관계는 속 빈 강정일 뿐이다. 명함첩 속에 가득한 명함들, 그 많은 사람들 중에 내가 정말 힘들 때 손을 내밀어주는 사람이 없다면? 이해관계가 사라지면 결속력마저 풀어지고 만다면? 때로 마당발은 더 깊은 허망감을 안겨주기도 한다.

반면 여자들은 중년 이후에 더욱 인간관계가 활발해진다. 가사에 육아에 붙들려 지내다가 아이들을 어느 정도 키워놓고 나면 그동안 만나지 못한 친구들을 만나기 시작한다. 동창회다, 계모임이다, 학부모 모임이며 동네 아줌마들끼리 친구가 되어 잘 어울리기도 한다. 여자들의 관계는 실리적 이해관계보다 정서적 교류에 바탕을 두다 보니 나이가 들거나 사람이 그리울수록 더욱 단단해진다.

그러나 직장이나 일터에서 하루 종일 지내는 40대 남성들은 교류하는 인맥의 폭이 회사 동료들이나 일과 관계된 사람들로 한정되는 경우가 많다. 그리고 남자들의 인간관계는 보통 이해관계에 바탕을 둔 경우가 많다. 따라서 남자들은 자신이 약해진다고 느낄수록 그 모임에 나가기가 꺼려진다. 그래서 사회학자들은 이구동성으로 "오늘날 한국사회에서 남성들은 나이가 들수록 오히려 여성보다 대인관계의 폭이 좁아지는 현상이 나타난다."고 진단한다. 남자는 나이가 들수록 더 외로워지는 것이다.

예로부터 인간에게 죽음 직전의 형벌은 추방이었다. 원시사회뿐만이 아니라 비교적 가까운 농경사회에서도 추방은 죽음 다음으로 불쌍하고 비참한 것이었다. 추방되고 고립된 인간은 외로움과 공포 속에 내던져졌다. 현대 사회가 개인의 시대라고는 하지만 지금도 마찬가지다. 사람은 다른 사람과의 관계에 의해서 자신의 존재감을 느끼기 때문에 예나 지금이나 한 인간에게 고립감은 여전히 감당하기 어려운 고통이다. 그래서 원만한 대인관계는 더없이 중요하다. 중년의 미래를 위해서는 전문성 강화, 자기계발 등도 중요하지만 대인관계가 무엇보다 중요한 것이라는 것을 간과해서는 안 된다.

인간관계를 일컫는 말 중에 우리는 흔히 인맥이란 말을 쓴다. 요즘은 휴먼 네트워크라고도 한다. 지도처럼 혹은 그물처럼 엮여 있는 사람들 사이의 관계도이다.

당신에게 있는 인맥을 생각하면서 지도를 그려보자. 일단 떠오르는 사람들은 많을 것이다. 같은 회사 동료들, 친구들, 친척들, 거래처 사람들, 그리고 그 외 여러 경로를 통해 알게 된 사람들. 이들을 떠올리면서 내가 정말 힘들 때 도와줄 수 있는 사람들의 명단을 한번 작성해보자. 아니 간단히 돈 500만 원 정도를 스스럼없이 빌릴 수 있는 사람을 생각해보자. 몇 명이나 될까? 당신을 믿고 망설임 없이 내줄 수 있는 사람, 혹은 당신 역시 그 사람이라면 믿고 망설임 없이 내줄 수 있는 사람. 그들이야말로 당신에게 가장 중요한 인맥을 이루고 있다는 것을 뜻한다. 그들이 돈을 꾸어주어서가 아니라 어려운 일이 있을 때 당신이 제일 먼저 도움을 요청해도 좋을 만큼 신뢰감을 쌓아두고 있었다는 증거이기 때문이다.

그들의 이름을 종이 제일 위에 적어보자. 그리고 그만큼은 아니지만 돈을 얼마 정도 융통해줄 수 있을 만큼 평소에 친분을 쌓아둔 사람들의 이름을 차례로 적어보자. 그리고 마지막엔 걱정의 말이나마 해줄 수 있는 사람을 적는다. 이 사람들은 당신이 소홀히 대하면 안 되는, 앞으로의 인생에서 좋은 관계를 유지해야 하는 소중한 친구들이다. 말하자면 인(人)테크이자 심(心)테크의 대상인 것이다.

인맥은 투자한 만큼 돌아오는 거래가 아니다. 주고받는 것이 인간관계의 기본이긴 하지만 내가 부조를 얼마 했고, 경조사에 몇 번 참석했고 식으로 인맥을 계산하는 것은 어리석은 짓이다. 제대로 된 인간관계는 마음을 주고받는 것이다. 사람에 대한 투자는 마음으로 해야 한다.

그리고 무조건 넓다고 좋은 것도 아니다. 가끔 불필요한 인간관계에 얽매어 시간과 감정을 소모하곤 하는데, 만나서 불쾌하기만 하고 도움이 되지 않는 사람은 과감히 정리할 필요가 있다. 이익이 되는 사람만을 만나라는 뜻은 아니다. 물론 사람은 모두가 배울 점이 있는 스승이기도 하다. 그러나 내 시간과 체력에도 한계가 있다. 일도 해야 하고 가족과의 시간도 필요하고 혼자만의 시간, 취미생활도 필요하다. 인맥에도 우선순위가 있다. 불필요하고 진실하지 못한 관계에 너무 많은 정열을 쏟으면 진실한 인맥을 놓칠 수도 있다는 것을 명심하자. 많은 사람을 만나려고 하지 말고 소중한 사람을 백 번 만나라.

자본주의 사회에서 인맥 관리는 세속적인 출세를 위한 지름길이기도 하다. 정치가든 사업가든 어느 한 분야에서 성공을 이룬 사람들 역시 혼자 힘으로 이룬 것은 없다. 그들에게는 성공을 가능하게 한 인간관계가 뒷받침하고 있다는 사실을 우리는 잘 알고 있다. 출세와 성공의 비결에는 개인의 특출한 능력 못지않은 그 사람의 인간관계가 좌우한다. 그래서 성공을 꿈꾸는 사람들은 모두 인맥을 넓히려고, 관리하려고 머리를 싸맨다.

제대로 된 인맥과 좋은 인간관계를 만들고자 한다면 먼저 자신이 좋은 친구가 되어야 한다. 상대의 대화에 귀 기울이고 진솔하게 자신을 보여줘야 한다. 공감은 화려한 말이나 수사가 필요 없다. 웃음 하나로도 고마움을 표현할 수 있고 눈빛으로도 마음을 전할 수도 있다. 진심 어리고 소박한 표현이 오히려 더 상대의 마음을 움직인다.

그리고 대가를 바라지 않는 순수한 호의를 먼저 베풀어보자. 지금껏 우리는 너무 대가성 호의에 익숙해왔다. '내가 이만큼 해줬는데 저 친구는 이만큼 밖에 안하네?' 하는 생각으로 삐져 있었던 적은 없었는가? 사람은 마음의 빚이 있으면 잊지 않는다. 시간이 걸리더라도 그것을 갚기 위해 노력한다. 속 좁고 조급하게 굴면 오히려 해주고도 원망 듣는 수가 있다. 호의는 호의로 베풀어라. 대가를 바라는 것은 호의가 아니라 거래다.

마지막으로 상대에게 좋은 모습을 보이기 위해서 혹은 도움을 주기 위해서라도 공부를 하자. 어떤 분야가 되었든 많이 알고 있다는 것은 내게도 도움이 되고 서로에게 친구이자 스승이 될 수 있는 기회가 된다. 대화의 폭도 넓어지고 어디서나 필요하고 존경받는 사람이 될 수 있다.

나이가 들수록 마음을 터놓고 이야기하고 놀 수 있는 친구가 필요하다. 물론 아내도 있고 자식도 있지만 같은 성별을 가지고 같은 세대를 살아가는 든든한 동지는 다른 무엇보다도 위안이 된다. 진정한 친구는 세속적인 잣대로 친구를 평가하지 않는다. 허름한 옷을 걸치고도 올해는 돈을 많이 못 벌었다거나 승진에서 밀려났다거나 하는 이야기를 솔직하게 할 수 있다. 그가 관심을 갖는 것은 내 차가 무슨 차인지 내 옷이 멋진 옷인지가 아니라 나의 내면이기 때문이다.

나를 이해해주고 내 편이 되어주는 친구 하나만 있어도 참 마음 따뜻해지지 않는가? 종종 너무 성공을 위해 일만 하던 사람들은 친구를 사귀는 시기를 놓쳐버려 노년에 함께 등산도 가고 목욕도 가며 종종 술잔도 기울일 수 있는 친구가 없어 쓸쓸하다고 한다.

아프리카 속담에 이런 말이 있다고 한다.

"빨리 가려면 혼자 가고, 멀리 가려면 함께 가라."

우리가 가는 길은 아직 많이 남았다. 혼자서 가기엔 인생의 여정은 고단하고 험난하다. 독불장군은 살아남을 수 없다. 우리 인생에서 남는 것이 무엇일까? 돈? 명예? 결국 사람이다.

chapter 5

외모方 :
스타일의 작은 변화가
인생의 큰 변화를 이끌어낸다

지난 설 연휴에 SBS에서 방영된 「전국 동안 선발대회」를 봤다. 대상을 차지한 46세의 주부는 20대라고 해도 믿을 수 있을 정도로 젊은 모습을 간직하고 있었다. 그녀뿐 아니라 참가한 많은 사람들이 남녀노소를 불문하고 자신의 나이보다 어려 보이는 외모를 뽐냈고 사람들의 감탄과 부러움을 자아냈다. 그 방송을 보면서 참 세상이 많이 변했구나 하는 생각이 들지 않을 수 없었다. 불과 몇 년 전까지만 해도 나이보다 어려 보이는 외모는 손해를 보는 일이었다. 특히 남자들에게는 더욱 그랬다.

지금까지 40대 중년 남자들의 '동안(童顔)'은 무시의 대상이거나 무능력의 증거로 괄시 받아왔다. 어쩐지 가볍고 책임감이 없어 보인다는 이유에서였다. 그래서 나이보다 어려 보이는 중년 남자들은 어떻게 하면 좀 더 늙어 보일까 하고 고심해왔다. 그러지 않으면 자신의 권위가 위협 당하는 것 같고 부당한 대접을 받을 것 같은 부담이 있었다.

강요된 남성다움과 권위 때문에 정말 매력 없는 아저씨로 늙어가는 사람들이 너무나 많다. 그동안 대부분의 중년 남자들은 무표정, 무관심, 무감각한 존재로, 자신의 감정이나 느낌보다 주위에 비치는 자신의 모습에 신경을 쓰다가 나한테 어울리는 것이 무엇인지도 모르는 화석 같은 사람으로 살아온 것이다.

하지만 이제 중년에게 '동안' 은 새로운 무기로 각광받고 있다. 동안의 개념이 가볍고 권위 없는 약한 이미지에서 적극적이고 역동적인 삶을 개척하는 생기발랄한 이미지로 변신하고 있는 것이다.

한동안 각종 포털 사이트에서 동갑인 연예인들을 비교하는 게시물이 인기를 끌었었다. 가수 이승환과 편승엽이 42세 동갑이고 개그우먼 이성미와 탤런트 신신애가 47세로 나이가 같으며, 가수 이문세가 설운도보다 형이라는 사실. "같은 나이인데도 이승환에게는 오빠라고 부를 수 있을 것 같은데, 편승엽은 좀……" 이라는 네티즌의 글에서 동안이 주는 '친근감' 의 거리를 확인시켜주기도 한다. 동안은 그만큼 젊은 사람들에게 친근감을 형성해준다는 것이다. 그리고 외모만큼이나 젊은 생각을

하고 있을 거란 기대감을 준다. 연예인들뿐 아니라 일반인에게
도 마찬가지다. 일반 중년들까지도 동안을 꿈꾸는 것은 '젊어 보
이는 외모'가 정신까지도 젊게 할 수 있다는 믿음 때문이다.

그래서일까. 요즘 중년 남자들의 행보가 많이 달라지고 있다.
정기적으로 피부 관리를 받고 아로마 테라피는 물론 체형관리,
모발 관리를 받는 중년 남자들이 늘고 있다. 혹시 노무족
(NOMU族)이란 말을 들어보았는가? NO More Uncle의 줄임말
로 더 이상 아저씨라고 불리기를 거부하는 중년의 남자들을 말
한다. '얼짱'까지는 바라지도 않지만 그냥 앉은 채로 '아저씨'가
되지만은 않겠다는 것이다.

실제로 서울 시내의 유명 피부과에는 매일 한두 명의 중년 남
자들이 방문해 상담을 받거나 관리를 받는다고 한다. 그들이 원
하는 것은 좋은 인상을 주고 한 살이라도 젊어 보이려는 것이다.
이들은 또 처음엔 어색해 하다가도 점점 관리를 받으면서 긍정
적인 반응을 보이는데, 젊어진 외모뿐 아니라 휴식과 자신감, 그
리고 일주일에 한두 시간만이라도 자신만을 위한 투자를 한다는
행복감을 찾기 때문이라고 한다.

피부 관리나 모발, 체형 관리뿐 아니라 패션에도 중년의 '젊은
오빠' 바람은 불고 있다. 지금 입고 있는 바지를 한번 보자. 혹시
언제 샀는지 기억도 나지 않는, 여전히 배꼽에서 한참 위로 올라

오는 일명 '배바지'를 입고 있지 않은가?

이제 청바지를 즐겨 입는 멋쟁이 중년을 찾는 것은 어려운 일이 아니다. 젊은 층을 중심으로 유행하고 있는 '로 라이즈 진(low rise jean: 밑위가 짧아 바지 단추가 배꼽 아래에 오는 청바지)'을 입는 사오십 대도 있으며 화려한 색상의 프린트 셔츠를 소화하는 중년 남자도 꽤 많다. 이들을 제 나이로 보는 사람은 드물다. 피부 관리나 미용, 운동과 명상 등으로 몸과 마음을 젊게 하는 방법도 있지만 옷차림 하나만으로 몇 년은 더 젊어 보일 수 있다는 사실은 이제 패션 전문가가 아니라도 누구나 아는 상식이다.

일각에서는 젊음의 이미지가 너무 외모에만 치우치는 것이 아니냐는 경고의 목소리도 있다. 이런 분위기가 외모지상주의의 또 다른 변형된 모습일 뿐이라는 비판의 소리도 있다. 그러나 시대는 변하고 있고 외모는 이미 경쟁력이 되었다. 시대는 내가 선택하는 것이 아니니 피할 수 없고, 피할 수 없다면 차라리 즐기는 편이 낫다고 했다.

그리고 또 이렇게 생각해보면 어떨까? 몸과 마음은 함께 움직여야 한다. 마음을 가꾸고 그 소중함을 생각하는 만큼 우리의 외모도 가꾸어줘야 하지 않을까? 타고난 외모가 훌륭하지 못하다 하더라도 호감가고 활기찬 이미지를 만드는 것은 할 수 있다. 특히 젊은 사람들보다는 중년이 훨씬 유리하다. 타고난 미모는 젊을 때는 빛을 발하지만 중년 이후에는 거기서 거기다. 조금만 자신에게 신경을 쓰고 관심을 가지면 신선하고 편안한 이미지를 줄 수 있다.

요즘은 미소년보다 '미중년'이 대세라고 하는 농담도 들린다. 중년의 연기자들이 중년만의 멋진 이미지나 젊고 새로운 이미지로 떠오르고 있기 때문이다. 영화, 광고에서 활발한 활동을 벌이며 제2의 전성기를 누리는 백윤식 씨, 때론 진지하게 때론 코믹하게 삭발과 장발을 넘나들며 멋쟁이 중년의 모습을 보여주고 있다. 코믹한 CF로 중년의 경계를 허물어 버린 임채무 씨, 그리고 요즘 모 프로그램에서 왕년의 하이틴 스타였던 임예진 씨와 티격태격 재밌는 입담을 선보이는 노주현 씨 등. 이들이 보여주는 미중년의 모습은 그저 외모만 젊고 아름다운 미중년의 모습은 아니다. 삶의 무거움을 살짝 비트는 여유를 부리거나, 나이가 들어도 허물어지지 않는 외모를 과시하고 열정적인 모습, 혹은 발랄함을 보여 준다.

젊은 이미지는 일단 친근감을 쉽게 확보할 수 있다는 점에서 세대 차이가 나는 젊은 사람들과도 쉽게 대화할 수 있는 길을 열 수 있게 해준다. 그로 인해 폭 넓은 인간관계를 유지할 수 있고 시대에 뒤떨어지지 않을 수 있다는 장점이 있다.

세월이 가는 것을 잡을 수 없고 몸의 나이가 드는 것을 막을 수도 없다. 그러나 생각과 마음은 청춘으로 살 수도 있다. 억지로 젊은이들의 흉내를 내라는 것이 아니다. 변화를 두려워하지 말고 적극적이고 긍정적인 마인드를 가지면 당신은 이미 젊음으로 가는 문을 연 것이다. 그리고 자기 자신에게 투자한다는 생각으로 자신의 모습을 가꾸자. 거울을 하루에 한두 번씩만이라도 더 보면 표정에도 신경을 쓰게 되고 피부나 몸매, 옷차림에도 신경을 쓰게 될 것이다. 술 한 잔 덜 마시는 시간과 돈으로 젊음을 살 수 있다면 정말 남는 투자가 아닐까?

중년의 색깔은 과연 무슨 색깔일까? 지금껏 중년은 회색이나 갈색을 떠올리게 만들었다. 점잖고 깊이 있는 색이다. 그러나 나는 좀 다른 색을 중년에게 입혀주고 싶다. 바로 퍼플(purple), 보라색이다. 진홍빛 퍼플은 뭔가 복합적이고 오묘한, 깊이 있는 유성 잉크와 같은 느낌을 준다. 그래서 중년과 잘 어울리지 않나 하는 생각이 든다. 색깔을 뛰어넘는 그 무엇인가를 깊게 내포한 느낌이면서도 지루하지 않고 세련된 느낌이다.

마인드의 변화는 스타일의 변화를 만들고 스타일의 변화는 인생을 변화시킨다. 당신이 따분한 회색의 중년이 될지 감각이 넘치는 보랏빛의 중년이 될지는 당신에게 달렸다.

chapter 6

건강方 :
하루라도 먼저 시작하면
즐거움도 길다

은행에 다니는 A과장은 얼마 전 충격적인 소식을 접했다. 같은 은행 K차장이 갑작스럽게 죽었다는 비보였다. 며칠 전까지도 멀쩡한 모습이었는데 뇌출혈이라니 믿어지지지가 않았다. 중년의 돌연사 이야기를 많이 듣긴 했지만 이렇게 가까이서 죽음을 접한 것은 처음이었기에 그의 마음은 착잡하기만 했다. 아직 한참 자라는 아이들과 망연자실해 있는 그의 부인을 보니 안타깝기 그지없었다. 문상을 갔다가 돌아오는 길에 동료들은 모두 남의 일 같지 않다는 반응들이었다. A과장 역시 건강 검진이라도 한 번 받아봐야겠다는 생각이 들었다.

통계청이 발표한 사망 원인 통계에 의하면 우리나라 40대 남자의 사망률은 세계 1위라고 한다. 이 통계는 해마다 변함이 없다. 남자 인생의 절정기라는 40대의 이들을 죽음으로 몰고 가는 것은 무엇일까?

40대 남자는 사회적으로 어떤 회사나 조직에서 중요한 자리를 차지하고 있는 경우가 대부분이다. 책임도 그만큼 크고 부담감도 적지 않다. 필사적으로 일하지 않으면 도태되기 십상이고 승진도 성공도 할 수 없다. 또 아래에서 치고 올라오는 후배, 경쟁자가 되어버린 친구, 더욱 분발하라는 윗사람 등 사방에서 스트레스를 받는다. 그 어느 때보다 과로와 스트레스가 집중되는 시기다.

그러나 몸의 기능은 서서히 떨어지기 시작하는 시점이다. 하루 이틀쯤 밤을 새도 끄떡없던 2,30대 때의 체력은 이제 옛날이야기가 되어버렸다. 피로를 회복하는 속도도 눈에 띄게 느려졌다. 게다가 체면이나 남의 이목을 중요하게 여기는 우리 사회는 한국 남자들에게 힘들고 어려워도 참는 것이 남자라고 강요해왔다. 힘들다고 경쟁에서 물러날 수도, 출근을 거를 수도 없다. 아무리 성능 좋은 기계라도 그만큼 했으면 고장이 날 만도 하다.

조직 생활에서 겨우 살아남았다 해도 최근에는 구조조정이라는 이유로 회사 발전에 모든 젊음을 바친 중견 간부들이 대책 없이 내쫓기고 있다. 나도 그 속에 포함될까 노심초사하면서 격무를 자처하고 다시 오직 일에만 매진할 수밖에 없다. 혹시 회사에서 퇴직이라도 하게 되면 또 다른 걱정의 시작이다. 혼자 힘으로 새로운 사업을 차릴 자본도 부족하고 다른 회사에 취직을 하기에도 어중간한 상황이다.

이참에 좀 여유를 가지고 쉬어갈까 싶기도 하지만 아이들이 중 고등학교에 다닐 무렵이라 교육비도 만만치가 않다. 이런 저런 일로 술 담배에 의지하다 보니 부인의 바가지는 더욱 기승을 부리고 건강 상태는 점점 나빠만 진다. 어떤가, 바로 당신의 이야기가 아닌가?

해마다 연초면 흔히 보는 풍경들이 있다. 각자 종이에 올해의 목표를 쓰는 모습들이다. 다들 포부들이 넘쳐난다. 올해엔 담배를 끊는다, 술을 끊는다, 뱃살을 뺀다, 운동을 한다, 누구나 한 번쯤은 세웠을 건강에 관련된 결심이다. 그러나 몇 달이 지나면 벽에 붙여뒀던 종이를 슬그머니 떼어내는 일을 해마다 반복하곤 한다. 다들 건강이 중요하다는 것을 잘 알고 있다는 이야기고 자신의 몸을 그대로 두었다가는 큰일 날 수 있다는 사실을 어느 정도는 인식하고 있다는 말이다. 문제는 '인식'만 하고 있다는 것이다.

40대의 돌연사 원인 중 가장 큰 비율을 차지하는 것이 바로 심장병, 혈관 계통의 병이다. 현대인은 많이 먹고 적게 움직이는 편리하고 안락한 생활을 하고 있다. 몸에 콜레스테롤을 비롯한

칼로리가 넘쳐나는 것은 피할 수 없는 현실이다. 심장을 둘러싸고 있는 관상동맥에 기름이 끼게 되면 심장 근육에 산소와 영양이 제대로 공급되지 않아 그렇지 않아도 많은 일을 해야 하는 심장에 큰 부담이 될 수밖에 없다. 여기에 현대인 특유의 스트레스와 흡연까지 더해지니 맥박과 혈압을 올려 엎친 데 덮친 격으로 심장에 탈을 일으키기 쉬운 것이다.

늘어나는 뱃살은 또 어떤가? 복부 둘레와 수명은 반비례한다고 했다. 복부 비만은 당뇨병, 고혈압, 고지혈증, 심장마비, 뇌졸중 등을 일으켜 중년 건강을 해치는 중요 요인 중 하나이다. 게다가 퇴행성관절염, 코골이, 수면 무호흡증, 암 등 다양한 질병의 위험도를 높인다고 한다. 따라서 뱃살은 이젠 '부와 인격의 상징'이 아닌 '반드시 치료해야 할 만성질환'인 셈이다.

살이 찌지 않았다고 안심할 일은 아니다. 몸이 마른 사람도 내장 비만인 경우가 많다. 내장 비만은 서구화된 식생활과 운동 부족 등이 복합적으로 작용해 생긴다.

결국 우리는 가슴 한복판에 폭탄을 쌓아가고 있는 셈이다. 혈관에 문제를 만들고, 심장근육을 조여 가며 폭탄 창고를 만든다. 그리고 마구 먹고, 술을 마시고, 담배를 피우며, 몸을 움직이는 것은 싫어하고, 수많은 스트레스를 받으며 폭탄 창고에 불씨를 던지고 있는 것이다.

자, 이렇게 보면 대충 감이 잡힌다. 돌연사를 부를 수 있는 주범 3총사 - 술/담배, 스트레스, 뱃살. 이 3총사들에게는 습관에서 비롯된다는 공통점이 있다.

이는 곧 평소 생활 습관만 개선하면 된다는 이야기다. 작은 동작이라도 꾸준히 하는 습관을 들여보자. 특히 걷기 같은 꾸준한 운동은 뱃살을 줄여주는 데도 큰 효과가 있다고 한다. 엘리베이터를 타는 습관을 버리고 계단을 이용하는 것도 좋을 것이다.

뱃살이 늘어나는 데는 술도 한몫을 한다. 알코올은 그 자체가 고칼로리인데다가 안주까지 더하면 곧바로 살이 찌기가 쉽다. 그리고 알코올은 다른 영양소가 소비되는 것을 방해하여 지방의 형태로 체내에 남는다. 게다가 우리나라 사람들이 술안주로 잘 먹는 음식을 생각해보자. 삼겹살, 돼지갈비, 등심, 더 말할 필요도 없다.

술은 이득보다는 해가 많은 기호식품이다. 적당한 알코올은 건강에 좋다는 이야기도 있지만 그 '적당'을 유지하는 게 힘들다는 것을 우리는 잘 알고 있다. 가능한 한 술을 마시지 말자.

그리고 담배는 무조건 끊는 게 좋다. 담배는 심장, 폐, 피부 등 신체 어디에도 이로울 것이 없다. 웰빙 바람과 함께 금연 열풍이 불어 많은 사람들이 담배를 끊었다고는 하지만 여전히 우리나라 남자들의 흡연율은 높은 편이다. 2000년 이후 폐암은 우리나라

부동의 사망률 1위 질환이 되었다. 간암과 위암의 사망률은 꾸준히 낮아지는 반면 폐암 사망률 증가세는 그칠 줄 모르고 있다. 늘어나는 것은 폐암뿐만이 아니다. 90% 이상이 흡연이 원인이라고 밝혀진 만성폐쇄성폐질환(COPD) 환자도 5년 새 30%나 증가했으며, 사망자도 최근 20년간 4배 이상 급증하고 있다. 이래도 담배가 끊기가 어려운가? 담배 한 개비의 연기는 당신의 하루치 수명이다. 당신의 수명이 연기가 되어 날아간다고 생각하면 어떨까?

마지막으로 가장 중요한 것은 역시 마음가짐이다. 최대한 스트레스를 받지 않도록 하자. 건강에서 몸의 상태만큼 중요한 것은 바로 마음의 상태이다. 즐겁게 사는 사람은 그만큼 건강할 확률이 높다. 열심히 노력하면서 살아야 하는 것이 이 시대 남자들의 숙명이지만 그만큼 마음의 여유를 가지는 것도 필요하다. 돈, 명예, 성공 모두 중요하지만 당신의 건강보다 소중할 수는 없는 것이다. 세상에 가치 있는 일은 얼마든지 있다. 즐거울 수 있는 무엇인가를 찾아서 당신의 휴식처로 만들어야 한다. 그것이 취미생활이든 운동이든 봉사활동이든 공부든, 일과는 또 다른 뿌듯한 성취감을 줄 것이다.

우리는 '다음에'라는 말을 참 많이도 사용하며 살아온 것 같다. 밥을 먹고 나서 혹은 복잡한 머리를 식히면서 담배를 입에

물며 잠시 망설이다가도 "에이 다음부터."라고 말해버렸다. 술은 항상 '적당히'가 좋다고 생각하지만 오랜만에 가진 만남 앞에선 역시 또 습관처럼 "그래, 다음에."를 내뱉었다. 자기 전에 명상 호흡이라도 하고, 스트레칭이라도 해야겠다고 생각한 것도 매일 잊어버리고 "내일부터, 다음에."라고 한다. 건강검진을 함께 받자는 친구에게도 "이번은 그렇고, 다음 기회에."라고 말해버린다. 가끔 생각이 날 때면 또 그렇게 말하면 그만이다. "다음에." 하고 말이다.

여러 가지를 한꺼번에 다 하려고 하지 말고 딱 한가지만이라도 반드시 지킬 수 있는 자신과의 약속을 만들자. 그 약속을 메모지에 적어 들고 다니거나 휴대폰 배경에 입력해두자. 그리고 그것을 하나씩 습관으로 만들어 가자.

습관은 일찍 길들이는 것이 좋다. 일찍 시작할수록 효과가 크다는 점에서 생활 습관과 건강관리는 장기적인 투자라고 할 수 있다. 지금의 중년은 더 이상 자식에게 투자해서 노후를 보장받는 세대가 아니다. 이제 확실한 투자처인 자신에게 투자해야 한다.

자, 이쯤에서 모두 고개를 끄덕이거나, 아니면 다 아는 이야기잖아 하고 시큰둥할 수도 있다. 누구나 어떻게 하면 건강하게 사는지 다 알고는 있다. 하지만 애써 외면하고 있는 것도 있다. 바로 실천이다. 인명은 재천이라고 한다. 정해진 수명이 있다면 어쩔 수 없는 일이다. 그러나 건강은 하늘이 아닌 바로 당신 손에 달린 문제라는 것을 명심하자.

chapter 7

시간方 :
시간 공장장으로 살아야
진짜 삶이다

한때 가깝게 지내던 사장님 한 분이 계신다. 그 분은 오직 일만을 생각하며 평생을 보내신 분이다. 덕분에 남들보다 진급도 빨랐고, 어렵잖게 자신의 기업체도 가질 수 있었다. 성공한 기업인으로 명망이 높아 그를 사표(師表)로 삼는 이도 적지 않았다. 어느 날 저녁, 그 분이 술 한잔하자고 찾아오셨다. 이런 저런 이야기를 나누다가 갑자기 "이제 시간을 가지고 싶다."는 말씀을 하셨다.

지금까지의 삶은 자신을 위한 인생이라기보다는 회사와 직원, 그리고 가족들을 위한 삶이라는 생각에 지금이라도 자신만의 시간을 가지고 싶다고 하셨다. 할 수만 있다면 돈으로 사서라도 꼭 그 시간을 가지고 싶다는 것이었다.

훌쩍 여행도 떠나 보고 단 하루라도 보고 싶은 책, 좋아하는 영화와 연극, 그리고 만나고 싶은 친구들을 마음껏 봤으면 좋겠다는 것이다. 무엇보다도 자신에 대해 깊은 생각을 해보고 싶다고 하셨다. 이 말을 듣는 순간, '이제 이 분도 나이가 드셨구나, 성공이라는 궤도에 오른 분이라 이런 투정을 부리시는 구나.'라는 생각이 들었다. 자신이 원하는 일을 마음대로 할 수 있는 분이 이런 말을 한다는 것을 선뜻 이해할 수 없었다. 성공한 사람들에게 나타나는 일종의 투정과 시위라는 생각에 부러움과 질투마저 느꼈었다.

그로부터 2년 후, 그 분을 다시 만났다. 하지만 그 분을 만난 곳은 경치 좋은 바닷가도, 영화관도, 서점도 아닌 구치소 면회실의 좁은 공간이었다. 거래처의 부도로 인해 자신의 회사도 부도가 났고 그로 인해 이렇게 될 수밖에 없었다고 말씀하시는 그 분의 표정에는 인생에 대한 좌절감이나 그 어떤 분노도 찾을 수가 없었다. 마치 해탈하는 순간의 구도자처럼 무척이나 평온하고 여유로워 보였다.

지금 그 분은 프리랜서로 바쁜 나날들을 보내고 계신다. 예전 그 분이 무척이나 좋아하셨고, 또 하고 싶지도 않았던 그 일 속에서 그때처럼 열심히 살고 계신다. 하지만 그때 하고는 확실히 다르다. 일도 같고, 사람도 같지만 그의 표정과 일에 대한 열정이 다르다는 것을 느낄 수 있었다. 사명감이나 의무감이 아닌 즐거움을 느끼시는 것 같았다.

얼마 전, 그 분과 또 술 한 잔을 했다. 헤어지는 나를 향해 취중에 하시던 말씀이 생각난다.

"정 실장! 내 인생에서 제일 즐거웠던 때가 언제였는지 알아? 나는 자신 있게 대답할 수 있어. 유일하게 나만의 시간을 가져본 구치소에서의 10개월이야."

결국 그분은 회사를 팔아 자신만의 시간을 산 셈이 되었던 것일까?

너무 큰 대가를 치른 셈이지만 아무튼 그런 소중한 시간을 토대로 그 분은 자신의 제2의 인생을 즐겁게 그리고 더 열정적으로 살고 계신다. 그리고 그런 희생을 치르고서야 겨우 자기 시간을 가지게 되었던 어리석음을 되풀이 하지 않기 위해 아마 틈틈이 자기를 돌아보는 시간을 가지고 있을 것이다.

이런 이야기들을 들으면 모두들 고개를 끄덕인다.

'그래, 그래. 일? 성공? 아무리 소중해도 내 자신만큼 소중하겠어? 어느새 훌쩍 나이만 먹었는데 뭘 위해서 나는 이렇게 냅다 달리기만 하는 거야? 나도 이제 좀 주위도 둘러보고 나 자신도 챙기면서 살아봐야겠어.'

하지만 그건 그때뿐. 며칠이 지나면 다시 위대한 '관성의 법칙'에 의해 제자리걸음이다.

남성들은 왜 끊임없이 일에 얽매어 정작 자신을 위해 휴식하지 못할까? 그것은 단절에 대한 두려움 때문이다. 내가 쉬는 동안 다른 사람이 나를 제치고 먼저 달려가면 어떡하나, 근무 시간이 끝나도 업무를 생각하는 것이 회사에 대한 의리가 아닐까, 내가 없으면 일이 안 돌아가는 것 아닌가 하는 불안감 때문이기도 하다.

착각들 하지 말자! 다른 사람들도 계속 달리면 지치게 마련이고, 회사도 생산성, 창의성과 관계없이 정신적 시간낭비를 하는 것을 달가워하지 않는다. 게다가 당신이 잠시 자리를 비워도 세상과 회사는 잘 돌아가게 되어 있다.

어쩌면 한국의 중년 남성들은 물리적 시간보다 심리적 시간이 더 부족한지도 모른다. 시간을 적절히 나누어 쓰지 못하면 '나'라는 자신은 그 일 속에 묻혀버리고 사라져버린다. 시간이 없다고 늘 아등바등하는 직장 남성들에게 24시간을 주어보자. 덤으로 얻은 시간을 잘 활용할 수 있을까? 동료와의 경쟁, 도태 등의 좌불안석으로 불필요한 잡념만을 되풀이할 것이다. 아니 어쩌면 무언가를 하기엔 너무 짧다고 탓하며 그냥 하루를 보내버릴지도 모른다.

일주일을 준들, 한 달을 준들, 그동안 내 자리가 없어지면 어떻게 하나 업무능력이 떨어지면 어쩌나 걱정하지 않을 수 있을까? 단 한 시간이라도 나를 위한 시간을 갖는 습관을 들이자. 남는 시간에 취미활동을 하겠다고? 남는 시간을 주워 쓰는 것이 내 시간이 아니라 만들어서 쓰는 것이 내 시간이다.

한국 중년 남자들은 희생을 요구 받으며 살아온 독특한 성장과정을 살아온 덕분에 휴식에 대한 향수는 있으나 경험이 없는 것이 사실이다. 그렇기 때문에 시간을 분배하고 활용하려면 의도적이고 지속적인 훈련이 필요하다.

시간이 없다 하지 말고, 우선 퇴근 시간 이후, 복잡한 생각이라도 말끔히 지워보는 것, 그것이 바로 자신의 시간을 갖는 것이다. 먼저 하고 싶은 일에 도전하라. 독서도 좋고 등산도 좋다. 목표를 정하고 평소 읽고 싶은 책을 읽는다든지 가보고 싶은 산에 오르는 것이다.

그리고 자기 자신에 대해서 한번 생각해보자. 누구누구의 남편, 누구누구의 아빠 그리고 어느 어느 회사의 과장, 부장이 아닌 당신을 연상시킬 수 있는 다른 무엇이 있는가?

'나는 자전거를 잘 타는 사람.' '산책하는 것을 좋아하는 사람.' 이런 식이어도 좋다. 당신 스스로 당신을 한번 다양하게 정의해보라.

태어나면서 당신에게 맡겨진 하얀 도화지 위에 온통 검정 색만 칠하다 가지는 말자. 세상에는 당신이 선택할 수 있는, 열거할 수 없을 만큼 많은 색깔이 있다. 다른 사람의 그림을 흉내 낼 필요도 없다. 솜씨 없다고 감히 누가 당신을 탓할까?

그 도화지는 당신의 것이다. 당신이 택할 수 있는 만큼 많은 색깔들로 알록달록한 그림을 완성할 수 있었으면 좋겠다. 다른 사람의 생각도 아니고 다른 사람을 위한 그림도 아닌, 당신을 위한 당신의 그림 말이다. 그런 그림을 그리기 위해서는 무슨 일이 있어도 양보할 수 없는 당신만의 시간을 가져야 한다. 남성들이여, 당신에게도 예외 없이 주어진 인생의 특권을 한껏 누려라.

세상은 더 많이 가진 자, 더 많이 배운 자에게 유리하게 돌아가지만, 다행히 단 한 가지, 시간만은 모두에게 공평하게 주어진다. 생각해보면 너무나 근사한 선물이 아닌가. 당신이 그 시간을 어떻게 쓰느냐에 따라 당신의 인생은 쫓기는 느낌일 수도 있고 여유로운 모습일 수도 있다.

다음은 얼마 전에 인터넷에서 읽은 현재와 시간의 소중함에 관한 글인데 마음에 와닿아서 옮겨본다. 짧은 글이지만 중년의 시간을 앞으로 어떻게 보내야 할지를 한 번 더 생각하는 계기가 되지 않을까 하는 바람이다. 전 코카콜라 엔터프라이즈 사장이었던 브라이언 디아슨이 어느 대학 졸업식 자리에서 강연한 내용이라고 한다.

매일 아침 당신에게 86,400원을 입금해 주는 은행이 있다고 합니다. 그러나 그 계좌는 당일이 지나면 잔액이 남아 있지 않습니다. 매일 저녁 당신이 그 계좌에서 쓰지 못하고 남은 잔액은 그냥 지워져버리죠.

당신이라면 어떻게 하시겠어요? 당연히 그 날 모두 인출해야죠.

시간은 우리에게 마치 이런 은행과도 같습니다. 매일 아침 86,400초가 우리에게 주어지고, 매일밤 우리가 좋은 목적으로 사용하지 못하고 버려진 시간은 그냥 없어져버릴 뿐이죠. 잔액은 없습니다. 더 많이 사용할 수도 없어요.

매일 아침 은행은 당신에게 새로운 돈을 넣어주죠. 매일 밤 그날의 남은 돈은 남김없이 불살라집니다. 그날의 돈을 사용하지 못한다면, 손해는 오로지 당신이 보게 되는 거죠. 돌아갈 수도 없고 내일로 연장시킬 수도 없습니다. 단지 오늘 현재의 잔고를 갖고 살아갈 뿐입니다.

건강과 행복과 성공을 위해 최대한 사용할 수 있을 만큼 뽑아 쓰십시오!

지나가는 시간 속에서 하루는 최선을 다해 보내야 합니다.

1년의 가치를 알고 싶다면, 고시에서 떨어진 학생에게 물어보세요.

1달의 가치를 알고 싶으시다면, 미숙아를 낳은 어머니를 찾아가세요.

1주의 가치는 신문 편집자들이 잘 알고 있을 겁니다.

1시간의 가치가 궁금하면, 사랑하는 이를 기다리는 사람에게 물으세요.

1분의 가치는 열차를 놓친 사람에게,

1초의 가치는 아찔한 사고를 순간적으로 피할 수 있었던 사람에게,

천분의 일초의 소중함은 아깝게 은메달에 머문 그 육상선수에게 물어보세요.

당신이 가지는 모둔 순간순간을 소중히 여기십시오.

또한 당신에게 너무나 특별한, 그래서 시간을 투자할 만큼 그렇게 소중한 사

람과 시간을 공유했기에 그 시간은 더욱 소중합니다.

시간은 아무도 기다려 주지 않는다는 평범한 진리.

어제는 이미 지나간 역사이며 미래는 알 수 없습니다.

오늘이야말로 당신에게 주어진 선불이며, 그래서 우리는 현재(present)를 선

물(present)이라고 부릅니다.

중년의 블루오션을 찾아라

한동안 블루오션이란 말이 유행처럼 여기저기서 들렸다. '미개척시장'이란 뜻의 블루오션이란 말은 이미 포화 상태에 이른 시장을 뜻하는 레드오션이란 말과 대비되는 말로 원래 경영 용어였지만 이제는 여기저기서 자주 들리는 생활 용어가 되어 버린 것 같다. 아마도 미개척시장이란 의미에는 무한한 가능성을 포함하고 있기 때문이 아닐까 싶다.

내가 인생을 이야기할 때 중년의 블루오션이란 말을 사용하는 것도 같은 의미이다. 이미 지나와 버린 2,30대의 시간은 포화 상태에 이른 레드오션과도 같다. 이제 우리 앞에 놓인 것은 푸른 물결이 넘실대는, 누구도 손대지 않은 중년이라는 블루오션인 것이다.

블루오션을 찾아가는 방법으로 앞선 장에서 일곱 가지 방법을 이야기했다.

첫째, 지금껏 열심히 일해왔지만, 맹목적이고 획일적인 일에서 벗어나 변화를 두려워하지 않는 능동적이고 창의적인 자세로 일하자는 것.

둘째, 남자로서의 나를 잃지 않으려면 남편이 아닌 남자로서 여자를 대하고 아내를 대하라는 것.

셋째, 아이들에게 권위적인 아버지보다는 친구 같은, 선배 같은 아버지가 되라는 것, 부부간이나 부모 자식 간의 관계는 상하관계가 아니라 함께 어울려가는 평등한 관계라는 것이다.

넷째, 사람이 힘이고 재산이라는 것을 명심하라는 것. 대인관계가 두루 원만한 것과 인맥 관리도 중요한 문제이지만 진정한 친구, 마음을 나눌 수 있는 친구가 있어야 한다는 것.

다섯째, 외모도 경쟁력인 세상에서 살아야 한다는 것. 대단한 멋쟁이는 아니라도 자신만의 깔끔한 스타일이 스스로를 환기시킬 수 있다는 사실을 명심해야 한다는 것.

여섯째, 건강은 가장 기본적인 행복의 조건이기에 일과 스트레스에 자신의 몸을 희생시켜서는 안 된다.

그리고 마지막으로 일에 몰두하는 시간, 가족을 위한 시간 외에 순수하게 나만을 위한 시간을 가지라는 것이다. 그것이 운동이 되었건 취미 생활이 되었건 사색이 되었건 무엇이었던 간에 말이다.

일곱 가지나 되다니 너무 많다는 생각이 드는가? 하지만 생각해보자. 이 중 어느 것 하나 중요하지 않은 것이 있는가? 일에만 매달리며 가족에게 소홀하거나 자신의 외모나 건강을 팽개치거나 혹은 내가 무슨 생각으로 무엇을 위해 어떤 의미로 세상을 사는지 생각조차 안 하며 사는 것은 문제가 있지 않을까?

일과 가족, 인간관계, 외모, 건강, 그리고 나 자신. 분명 모두 포기할 수 없는 부분이다. 물론 모든 것에서 완벽한 점수를 받을 수는 없다. 또한 완벽하려고 하는 순간부터 다시 스트레스는 시작될 것이다. 그저 모든 분야에서 골고루 평균점만 받도록 노력하는데서 인생의 변화는 시작된다.

중년의 블루오션을 찾는 것은 먼 곳에서 파랑새를 찾는 일이 아니다. 블루오션은 바로 내 자신이기 때문이다. 지금껏 우리가 항해해 온 레드오션은 그 존재가 외부에 있었다. 다들 똑같은 곳만 바라보며 같은 목적으로 치열한 경쟁을 해왔던 것이다. 그래서 자신을 들여다보기 보다는 외부로만 시선을 돌려왔다.

그러나 이제 우리가 항해해야 할 블루오션은 바로 우리 자신 안에 있다. 그러나 그 '나'는 그냥 내가 아닌 '나의 재발견'인 것이다 내가 몰랐던 내 안의 새로운 나를 발견하고 일깨우고 발전시키는 것이 바로 중년의 블루오션 전략이다. 내 안에 잠재한 무한 자원은 오로지 나만의 것이고 자신에게 투자한 시간과 돈은 나를 배반하지 않는다.

중년의 남자들이여, 자신만을 위한 시간과 투자를 아까워하지 말자. 이제 회사를 위한 시간, 가족을 위한 시간이 아닌 나만을 위한 제 3의 시간을 가지도록 하자.

이기적인 것 같다고? 천만에 말씀이다.

내가 건강하고 행복해야 내 가족도 행복하고 내가 다니는 회사도 행복하고 우리 사회도 행복해진다. 이것이 바로 우리가 잊고 있었던 너무나 평범하지만 위대한 진리다.

부록

두 번째 클라이맥스를 꽃피우는
놀라운 방법들

chapter 1

행복할 수 있는 방법에
안테나를 세워라

"마흔을 넘긴 지 몇 년째인 지금, 나름대로 안정적인 가정을 꾸렸고 사회생활 역시 남부럽지 않게 하고 있다. 그러나 종종 노후를 생각하면 불안하다. 이제 겨우 집을 마련했고, 자식들의 교육비와 기타 생활비는 앞으로도 만만찮게 들어갈 텐데, 퇴직이나 건강 문제를 생각하면 아직은 더 벌어야 하는데 잘못되면 어쩌나 하는 불안감이 생긴다. 남들은 벌써 집이 몇 채니 노후 투자가 어쩌니 저만치 앞서가는데 혼자만 뒤처지는 것은 아닌지 종종 걱정이다."

40대의 한 중년 가장의 푸념이다.

어느 정도 기반을 잡은 뒤에 오는 이러한 우울은 드물지 않게 중년에 찾아온다. 직장에서 바라던 위치나 경제적인 목표에 1차적으로 도달하면 일종의 허탈감과 함께 남아 있는 목표나 미래에 대한 불안감까지 더해지기도 한다. 행복을 위해 지금껏 달려왔지만 여전히 중년은 행복해 하지 않고 있다.

생각해보면 꽤나 안정적인 생활에 사랑하는 아내와 자녀들과 단란한 가정도 꾸렸고 뭐 특별히 고통을 받고 있는 일도 없지 않은가. 그런데도 왜 우리는 행복하지 않을까?

사람들은 언제나 다른 사람과 자신을 끊임없이 비교하면서 행복해하기도 하고 불행해하기도 한다. 그런데 보통, 행복해하기보단 불행해하는 쪽이 많다.

나보다 잘난 사람, 내 집보다 더 크고 비싼 집, 나보다 더 높은 연봉, 내 차보다 더 화려한 고급차, 끝없이 자기보다 많이 가진 사람들과 비교하면서 스스로에게 만족하지 못한다.

나도 어서 저렇게 되어야지 하면서 이를 악물고 뛰는가 하면, 언제 저렇게 될까 과연 나에게도 그런 날이 오기나 할까 하는 좌절감을 느끼기도 한다. 비교하고 비교 당하면서 좌절하는 것만큼 끔찍한 일은 없다.

얼마 전에 만화가 이현세 씨의 '천재와 싸워서 이기는 법'이란 글을 읽었다. 그가 만화계에 막 입문했을 무렵, 같은 동료 중에 정말 뛰어난 천재를 만났다고 한다. 몇날 며칠을 밤새워 그림을 그리고 원고를 만들어도 그 천재가 매일 술만 마시다 하루 이틀 휘갈겨 그린 원고 앞에서 무너져버리고 말았다는 것이다. 타고난 재능에 대한 원망도 하고 이를 악물고 경쟁도 했지만 상처만 커져갔다. 만화에 대한 애정도 식어갔고 점점 흥미도 잃게 되었다. 작가로서의 길을 포기할까 하는 생각도 들었지만, 그러기에는 만화를 너무 좋아했다. 그래서 내린 결정은 바로 정면 승부를 하지 않고 그를 먼저 보내주는 것이었다고 한다. 그리고 그는 그의 방식대로 매일 하루에 10장씩 크로키를 하면서 다른 누구와 비교하지 않고 자기만의 길을 걸었다고 한다. 이처럼 천재를 먼저 보내놓고 10년이든 20년이든 자신이 할 수 있다는 생각으로 하루하루를 꾸준히 걷다 보면 어느새 자신만의 위치와 성공을 이룬다는 것이다.

이 글을 읽고 다소 놀랐다. 나는 이현세 씨도 그가 말하는 천재 축에 끼는 사람이라고 생각했기 때문이다. 그런 그도 또 다른 천재와 자신을 비교하면서 열등감을 느꼈다는 것이다.

'비교'라는 함정에서 벗어났을 때 비로소 일에 대한 행복과 또 그에 따른 훌륭한 자신만의 성과를 누릴 수 있다. 이것이 바로 타인에게 자신의 행복을 맡기지 않고 자신이 행복을 찾아갈 수 있는 방법이다.

또 다른 불행의 원인은 바로 욕심 때문이다. 하나를 가지면 둘을 가지고 싶고, 둘을 가지면 넷을 가지고 싶고…… 조금만 더 가지면 행복할 텐데, 조금만 더 많으면 행복할 텐데…… 욕심의 허기는 끝이 없다.

그래서인지 욕심은 종종 지금 내가 가지고 있는 것마저 못 보게 한다. 결핍에서 오는 고통만 제거된다면 검소하기 짝이 없는 음식도 호화로운 식탁 못지않은 행복을 준다고 에피쿠로스는 말했다. 사실 지금 당신이 쥐고 있는 것만으로도 만족하려고 마음먹으면 만족할 수 있다. 지금껏 일궈온 일, 사랑하는 가족, 편히 쉴 수 있는 따뜻한 집, 매일 먹는 맛있는 식사, 그동안 열심히 살아오면서 느꼈던 보람. 다른 사람에게 도움을 주거나 받았던 감사한 기억. 우리나라의 중년들은 너무 경제적인 가치에 매몰되어 경제의 노예로만 사는 경향이 있다. 조금 더 다양한 가치로 세상을 바라보면 행복을 느낄 수 있는 일은 참으로 많은데 대부분의 사람들이 그것을 놓치고 있다.

마지막으로 우리를 불행하게 하는 것은 바로 불안이다. 불안이란 것은 자신이 생각하는 어떤 끔찍한 일이 일어날까봐 두려워하는 것이다. 사람들은 항상 예상치 못했던 것에 상처받기 때문에 그 예상치 못한 일에 대해 끊임없이 걱정한다. 그것이 지나치면 일어나지도 않은 일에 미리 전전긍긍하면서 불안해하곤 하는데 지금의 우리들이 바로 그런 모습이다. 돌연사에 대한 공포, 건강에 대한 걱정, 퇴직, 실직에 대한 두려움. 물론 그저 남의 일이라고 치부하기엔 꽤 가깝게 다가와 있는 현실의 문제이기도 하다. 하지만 불안에 떠는 일 외에 정작 무엇을 하고 있나?

차라리 마음속으로 당신이 생각하는 최악의 상황에 대한 지도를 그려라. 퇴직을 하거나 실직을 했을 때 무엇을 어떻게 해서 다음 일을 준비할지 한번 구상을 해보라. 혹은 집을 잃었을 때도 가상해보라. 그 때는 어떤 식으로 식구들과 그 일을 극복할지, 어떻게 이겨나갈지 대충의 지도라도 구상해두면 최악의 상황에서라도 이렇게 살아가면 되겠구나 하는 자신만의 계산이 나올 것이다. 가난해질 것이 두려운 부자들은 차라리 외풍이 센 방에서 초라한 음식을 먹으며 며칠을 보내보라고 세네카는 말했다. 그러면 내가 두려워했던 것이 겨우 이런 상황이었나 하는 결론을 얻는다고 한다.

혹여 정말 반갑지 않은 상황이 찾아와도 그 속에서 위기를 배우고 기회를 모색할 수도 있다. 성공하는 사람은 시련에서도 무언가를 배우고 그것을 발판으로 더 크게 일어서기도 한다. 어려운 일이 닥치고 지금 누리는 것을 빼앗길까봐 너무 두려워하지 말자. 그것은 당신을 좀 불편하게 할 뿐이지 불행하게 만드는 일은 아니다. 지금의 우리 40대들에게는 이렇게 생각할 수 있는 여유가 필요하다.

얼마 전 한 신문 기사에서 40대 후반에 해외 봉사활동을 떠나는 부부 이야기를 읽었다.

대학생 아들에게는 최소한의 학비와 생활비만 주고 독립을 시키고 그 부부는 자신들만의 제 2의 인생을 산다는 것이다. 미술 강사였던 경험을 살려 우즈베키스탄에 미술 봉사를 하러간다고 했다. 이미 몇 년 전부터 간간히 해외 봉사를 다니면서 그 일에 보람과 재미를 느꼈고 아들이 대학생이 되면서 본격적인 부부 동반 봉사를 계획한 것이었다. 주변에서의 만류도 있었고 경제 지상주의에 빠진 사람들의 가치관에는 맞지 않는 일이었지만 그들은 새로운 제 2의 인생을 산다는 기분으로 즐겁게 출발했다. 봉사와 함께 미술 공부도 병행할 예정이라고 했다. 그들은 그들의 행복의 기준에 정확하게 안테나를 맞춘 셈이 아니었을까?

모두가 쫓아가는 길이 반드시 행복의 길은 아니다. 시류에 영합하지 말고 좀 더 마음을 안정시키면서 자신에게 중요한 것들을 추려볼 필요가 있다. 어차피 물질적인 공허보다 정서적인 공허감이 큰 세대가 40대 이므로 그동안 잃고 있었던 가치 있는 것들을 챙겨나가는 방법이 정서적인 공허감을 채우는 데 도움이 될 수 있을 것이다.

자, 이제 당신의 행복 주파수는 어디쯤인지 한번 생각해보자. 그리고 거기에 안테나를 맞추고 한번 마음껏 행복해보자.

chapter 2

휴식은 정신이 먹는 비타민이다

어느 날 나무꾼 두 사람이 하루 종일 장작 패는 일을 했다. 나무꾼 A는 땀을 뻘뻘 흘리며 쉬지 않고 도끼질을 했다. 반면 나무꾼 B는 가끔 쉬어가면서 도끼질을 했다.

저녁 무렵, 나무꾼 A는 커다란 장작더미를 만들었다. A는 흐뭇한 마음으로 자신의 장작더미를 보다가 B의 장작더미를 바라보았다. 그런데, B는 A보다 훨씬 더 큰 장작더미를 쌓은 것이 아닌가?

"아니 이게 어찌된 일인가? 나는 쉬지 않고 일만 했는데……"

A가 놀라며 B에게 물었다. 그 때 B가 대답했다.

"그럴 수밖에. 나는 쉬고 있을 때 도끼날을 갈았다네."

학교 다닐 적에도 우리는 이런 비슷한 상황을 한두 번씩은 경험해본 적이 있을 것이다. 공부도 잘하고 잘 노는 녀석이 앉아서 책만 파는 친구들보다 성적이 좋고 항상 1등만 하는 상황. 그런 녀석들은 머리가 엄청나게 좋거나 아무도 보지 않을 때 코피 터지게 공부할 것이라고만 생각했었는데, 어찌 보면 나무꾼 B의 방법이 그들의 비결이었는지도 모르겠다.

세대를 막론하고 우리나라 사람들은 노는 것에 익숙하지 못하다. 모처럼 얻은 휴가 기간에 맞춰 친구들과, 가족들과 여행을 계획해보기도 하지만 스케줄을 조정하느라, 여행 준비를 하느라 떠나기 전부터 지치기 십상이다. 주 5일제에 보내는 주말은 또 어떤가. 뭘 할까 고민하지만 친구들이나 동료들과 어울려 밤새 술이나 마시고 노래방이나 가는 게 고작이다. 나는 잠이나 좀 자고 싶은데 아내와 아이들은 놀이동산에라도 가자고 성화고, 천근만근의 몸을 가까스로 일으켜 길을 나서면 복잡한 교통 체증에 스트레스를 받고, 그렇게 휴일을 보내고 집에 돌아오면 풀리지 않은 피로로 월요일이 걱정스럽다.

휴일에 친구들도 만나고 술도 마시고, 가족들과 시간을 보내고 잠도 충분히 잔 것 같은데 도무지 재충전이 되지 않는다면 그것은 당신이 잘 놀 줄 모르기 때문이다. 특히 중년 남성의 놀이 문화란 그야말로 불모지와도 같고 그 내용이란 것도 뻔하다. 한

번 '놀아보자!'고 결심하면 '필름이 끊길 때까지!' 놀아 제킨다. 2차, 3차, 새벽이 올 때까지, 정신을 잃을 때까지 부어라 마셔라 하며 음주 가무를 즐기거나, 낮밤을 안 가리고 모포 위에 화투장을 두들겨댄다. 이런 풍조는 여행을 가도 마찬가지이고 한술 더 떠 성매매로까지 연결되기도 한다. 우리의 놀이 문화는 결국 '향락'으로 끝나는 것이 일반화 되어있다. 이런 식의 놀이 문화는 피로를 가중시키고 당신의 정신을 더욱 황폐하게 만들 뿐, 재충전을 위한 것은 아니다.

그러다 보니 '노는 것'에 대한 우리의 인식은 조금 거북살스러운 것이 되기도 한다. 특히 중년의 세대에게 '노는 것'은 부끄럽고 죄책감마저 드는 것으로 생각되기도 한다.

'조국 근대화' '산업화의 기수' '수출 100억불 달성' '중단 없는 전진의 해' 등을 배우고 익숙해온 세대여서인지 부지런히 일하는 것만이 최선이라고 느끼는 것이다. 항상 '바쁘다'를 미덕으로 여기고 남에게 자랑스럽게 말하며, 휴일에도 긴장하고 회사 업무에 관심을 기울이는 것을 자신이 할 도리로 생각하는 것이다.

하지만 이것은 자신을 항상 번잡하게 할 뿐 정말 일 잘하는 자세는 아니다. 지혜로운 것과도 한참 거리가 멀다. 노는 것이나 쉬는 것은 절대 낭비가 아니다. 비생산적이고 소모적인 망가짐이 아니다. 어떻게 노느냐에 따라 그 '놀이'는 그야말로 재충전이요, 레크리에이션인 것이다.

『칼의 노래』로 유명한 김훈 씨의 경우, 언론사에 재직하던 중 오로지 휴식만을 위해 회사를 그만두고 1년간의 자전거 여행을 시작했다. 여행을 좋아하고 글쓰기를 좋아하던 그는 그야말로 오로지 자기가 좋아하는 일을 위해 생업을 잠시 접고 즐겁게 '놀러' 간 것이었다. 그 길에서 휴식을 얻고, 기쁨을 얻고, 자연을 보고, 자신을 돌아보았다. 거기서 그는 원칙에서 벗어나 굳어져가던 자신만의 틀을 부드럽게 만들었고 거기서 나오는 긍정적인 에너지로 『자전거 여행』이라는 명작을 만들어냈다.

우리가 그저 '논다', '쉰다'고 생각하는 일도 사실은 보이지 않는 투자일 수 있다. '휴(休)테크'란 말을 들어보았을 것이다. 직장인이 하루 쉬는 것은 지난주의 피로를 풀기 위함이 아니라 돌아올 한 주간의 에너지를 충전하기 위함이다.

내가 아는 한 중년 남성은 1주일에 6일 동안 일하고 일요일에는 반드시 인근 산에 등산을 한다. 6일간 일했으니 잠을 자도 시원찮을 판에 힘들게 등산이라니. 하지만 그의 설명은 다르다. 일요일 하루 등산을 통해서 1주일간 일하는 에너지를 얻는다는 것이다. 만약 일요일 등산을 하지 않으면 다음 1주일이 더 피로하다는 것이다. 다시 말하면 '하루 벌어 6일 먹고 산다.'는 것이다.

일요일이나 휴일 하루 노는 것은 전신의 피로를 풀기 위함이 아니고 내일 일할 에너지를 충전시키는 것이라는 것을 이해한다면 노는 것에 대한 거부감이 사라지고 좀 더 전략적으로 놀아야겠다는 생각을 할 수 있을 것이다. 휴일 하루 노는 것도 이럴진대 인생 전체로 놓고 볼 때 전략적으로 잘 노는 충전 프로그램을 가지고 있다는 것이 얼마나 중요하겠는가. 인생 전체의 생산성을 따질 때 노는 전략이 존재 했느냐, 전략 부재였느냐가 결과에 큰 차이를 가져올 것이다.

그렇다면 어떻게 노는 것이 전략적으로 잘 노는 것일까?

일을 열심히 하라면, 밤을 새라면 새겠지만 안 하던 짓을 해보라면 못하는 것이 한국의 40대 남성들이다. 휴식에 대한 향수는 있으나 경험은 전혀 없다. 그래서 일단 먼저 시도해보는 의도적 훈련이 필요하다. 이러저러한 조건이 맞춰지면 한다는 기존의 생각으론 아무것도 할 수 없기 때문이다.

잘 놀기 위해서는 먼저 일 외에 당신이 잘 하는 것을 찾아라. 아무리 생각해도 잘 하는 것이 없다면, 좋아하는 것 혹은 해보고 싶은 것, 그리고 이제 막 흥미가 생기는 것을 찾아라.

환갑을 바라보는 나이에 인라인 스케이트나 스노우보드를 배우고 싶다면 자식 손자며느리가 걱정된다며 가만둘 리 없지만 아직 창창한 사십대에게 육체적으로 불가능한 취미생활은 없다.

재미있으니까 포기할 수 없다며 익스트림 스포츠를 즐기는 젊음은 이십대만을 위한 것은 아니다. 정도의 차이는 있을지언정 도전과 성취라는 심리적인 부분은 세대를 막론하고 값진 것이다. 이제 당신을 즐겁게 흥분 시키는 놀이를 찾았다면 업무를 하는 것처럼 집중하라. 다른 사람에게 인정받기 위해서가 아니라, 당신 스스로 당신에게 만족하기 위해 집중하라. 스스로 선택한 성취감보다 신나고 뿌듯한 것은 없다. 그런 의미에서 놀이는 반드시 거창한 무엇이 아니라도 좋다. 사소하더라도 재미를 느낀다면 그것으로도 놀이가 될 수 있기 때문이다. 사실 진짜 '잘 노는 사람'은 사소한 곳에서도 재미를 찾아내는 사람인 것이다.

혹시 동(動)적인 놀이보다 정(靜)적인 쉼을 원한다면 온전히 혼자 있는 시간을 마련하라. 휴일이 되면 피로를 풀답시고 낮잠만 자거나 방바닥에 누워 TV 채널을 돌려가면서 가족을 외면하라는 소리가 아니다. 잠자는 휴일이나 TV 시청은 습관에 불과한 것이지 피로 회복을 위한 절대적인 시간이 될 수는 없다. 사색을 통한 정신의 휴식을 얻도록 하라는 것이다. 책을 읽는 것도 좋고 낚시를 가는 것도 좋다. 사람은 누구나 자신에게 온전하게 집중할 수 있는 시간에서 평화를 얻고 소진되는 것만 같았던 자아를 살찌울 수 있는 법이다.

잘 쉬고 잘 노는 방법은 이제 성공을 위한 필수 요소가 되었다.

많이 먹고 배설하지 못하면 변비가 생기듯이 열심히 일 만하면서 스트레스를 쌓아두고 그것을 제때 해소하지 못하면 정신적 변비증상이 온다. 순환이 되지 않고 꽉 막혀있는데 무슨 아이디어가 생기고 창의적 사고가 생기겠는가.

놀이는 창의성과 동의어라고 볼 수 있다. 노는 것은 재미를 추구한다는 것이고, 재미를 추구 하는 것은 곧 새로움을 추구한다는 말이기 때문이다. 창의성은 듣도 보도 못한 것을 만들어내는 게 아니라 일상에서 새로움을 발견하는 능력이다. 즉 잘 노는 것도 능력인 것이다.

한동안 모 카드회사의 '열심히 일한 당신, 떠나라!' 는 광고 카피가 인기를 끌었다. 열심히 자기 삶을 살아온 사람이라면 이제 어느 정도 누려도 좋다며 사람들의 휴식과 여가에 대한 욕구를 적절히 자극했던, 참으로 절묘한 카피였다.

나 역시 40대 중년 남성들에게 이렇게 말하고 싶다.

"열심히 일한 당신, (제발 좀) 놀아라!"

chapter 3

Smile Again

요즘이아 유머의 중요성이 부각되면서 처세나 성공의 수단으로까지 인식되지만 얼마 전까지만 해도 우리나라만큼 웃음에 관대하지 못한 나라도 없었던 것 같다.

코미디 프로그램은 경박하다는 취급을 받았고 농담 잘하는 사람은 채신머리없고 싱거운 사람으로 여겨졌다. 필자의 경우도 어린 시절 한참 인기가 있었던 고(故) 이주일 씨의 유행어 "콩나물 팍팍 무쳤냐?"를 식구들 앞에서 선보이다가 아버지에게 된통 혼난 적이 있었다. 사내 녀석이 체통 없이 우스갯짓이나 하느냐가 이유였다. 아버지는 다른 사람을 웃기는 일이 웃음거리가 되는 것이라고 생각하셨던 모양이었다. 그러다보니 나도 한동안은 코미디언의 흉내나 유행어를 말하는 것을 조심하게 되었고 웃음에 대한 감각을 많이 잃어버릴 수밖에 없었던 것 같다.

우리 세대의 많은 남자들은 사실 감정의 표현에 익숙하지 못하다. 웃음에 대해서도 마찬가지다. 좋으면 활짝 웃고 박장대소하고 깔깔거리는 것에 낯설어 한다. 한마디로 웃을 준비가 안 되어 있다. 당연히 남을 웃게 해주는 것도 어렵다. 달라지려고 마음먹고 평소 하지 않던 농담을 용기를 내어 해보지만 반응은 영 신통찮다. 철지난 유머이거나 썰렁한 반응에 민망하기 짝이 없을 때도 있었을 것이다.

그러나 몇 번의 실수와 조롱이 두려워 시도하지 않으면 평생 유머와 담을 쌓으며 지내야 한다. 실패를 두려워하지 말고 계속 시도해보자. 날 때부터 유머 감각을 타고난 사람은 그리 많지 않다. 첫술에 배가 부를 수 있겠는가? 유머에도, 웃음에도 연습이 필요하다.

아니 내가 개그맨도 아니고 코미디언도 아닌데 무슨 연습까지 하라고? 물론 당신에게 개그맨이나 코미디언이 되라는 것이 아니다. 그러나 그 연습은 당신에게 웃을 준비를 시킬 것이다. 그동안 긴장과 불안, 위기의식 때문에 굳어 있던 당신의 몸과 마음을 이완시켜줄 촉매가 되는 것이다.

유머 감각을 바로 발휘하는 게 어려우면 처음엔 미소 짓는 연습부터 하자. 누구를 만나더라도 먼저 웃음을 건네보는 것이다.

낯선 사람을 보며 웃음을 짓는 것이 처음엔 어색할 것이다. 물론 모르는 사람을 보며 무조건 히죽히죽 웃으면 미친 사람처럼 보이거나 비웃는 듯해서 불쾌감을 줄 수 있으니, 등산길이나 엘리베이터에서 마주치는 사람들에게 가벼운 인사와 함께 웃음을 건네는 것이 좋다. 상대도 미소와 함께 답인사를 건넬 것이고 점차 당신의 웃음은 자연스러워 질것이다.

종종 길거리나 공공건물에서 외국인과 마주칠 때가 있다. 횡단보도나 엘리베이터 앞에서 눈이 마주치면 그들은 밝은 미소로 눈인사를 하는데, 한국 사람들은 불쾌해하거나 당황해서 어쩔 줄 모르는 모습을 보곤 한다. 그저 같이 한번 미소를 지어 보이는 것만으로도 답인사가 될 텐데 왜 그러질 못할까?

강의를 나가보면 여자들은 기대에 찬 눈빛으로 뭔가 재밌고 새로운 이야기가 나오려나 하며 웃을 준비를 하고 있는 반면 남자들은 마치 중요한 회의석상에라도 나와 있는 듯이 긴장한 모습으로 앉아 있다. 내 강의가 학술회의도 아니고 비즈니스 세미나도 아닌데 딱딱한 표정으로 자리를 지키고 있다가 농담이라도 들리면 멍하니 있거나 다른 사람의 눈치를 보다가 조금 웃고 만다. 웃음에 세금을 내는 것도 아닌데 우리나라 사람들, 특히 남자들은 참으로 인색하다. 그러니 한국인의 인상은 무표정하다는 이야기를 듣는 게 아닐까 싶다.

웃는 것이 어색하고 실없어 보일 거라고 걱정하지 말고 일단 먼저 미소를 지어보자. 자연스러움은 습관에서 나온다.

다음은 상대방의 이야기를 경청하고 잘 웃어주면서 대화에 의한 웃음과 유머에 익숙해져 보자. 우리는 많은 사람들을 만나고 대화하지만 그 속에서 진정 웃음을 주고받는 경우는 드문 것 같다. 혼자 떠들고 혼자 웃는 것은 유머가 아니다.

종종 회식자리에서 이런 모습을 보곤 한다. 사십대 과장이 혼자 뭐라고 막 떠들다가 웃으면 모두 다 웃는다. 뭐, 웃긴 웃는데 자세히 둘러보면 다들 입만 웃고 있다. 왜 조폭 영화들 보면 두목이 웃을 때 다 같이 웃는 장면이 나오곤 하는데 딱 그 모습이다. 조폭 두목 같은 '억지로 유머'가 부러우면 계속 그렇게 하자. 그러나 공감이 되는 유머를 위해서는 유머 센스를 키워야 한다. 유머를 외우는 게 아니라 감각을 익혀야 한다는 것이다.

우리나라 아저씨들 아주 크게 착각하고 있는 것이 하나 있다. 젊은 사람들, 나아가 아들, 딸과 아내까지, 그들을 웃기는 것은 최신 유행의 개그가 아니다. 그거 아무리 잘해도 아저씨가 하면 어설플 수밖에 없다. 열쇠는 딱 하나, 스스로 권위를 벗어버리고 솔직해져야 한다는 것이다. 젊은 사람들과의 대화에서 이해하기 어려운 유머가 있다면 후배와 함께 신세대 유머를 익혀라. 어디가 웃음의 포인트인지를 이해하고 당신에게 접목시켜라.

고기도 먹어본 사람이 맛을 알고 옷도 많이 입어본 사람이 멋쟁이가 된다고 했다. 자꾸 접하고 익히고 배우면 어느새 '감'이란 것을 잡게 될 것이다.

자, 이제 어느 정도 감을 잡았다면 유머에서 가장 중요하다는 타이밍과 분위기를 맞추는데 신경을 쓰면 된다. 웃음은 상대방과 상황을 고려해야 제 기능을 발휘한다. 그렇지 않은 유머는 유머가 아니다.

뉴욕 엠파이어스테이트 빌딩 맨 꼭대기 층의 바에서 한 남자가 말했다.

"이 건물 꼭대기에서 떨어지면 죽을 것 같지만 10층 높이에서 강한 바람이 불어 그 사람을 열린 창문 안쪽으로 밀어 넣어 죽지 않는다오."

듣고 있던 사람들이 말도 안 되는 소리라고 다들 한마디씩 했다.

그러자 그 남자는 자신이 증명해 보이겠다며 바로 창문으로 가서 아래로 뛰어내렸다.

남자의 말은 사실이었다. 그가 10층쯤에 도달했을 때 정말 강한 바람이 불어 그를 열린 창문 안쪽으로 밀어 넣었고 그는 엘리베이터를 타고 꼭대기 층의 바로 유유히 들어왔다.

사람들은 한 번은 우연히 그런 일이 있을 수 있다고 했고 그런 요행은 두 번 다시는 일어나지 않는다고 말했다. 그러자 남자는 다시 창문으로 뛰어내렸고 역시 마찬가지로 10층에서 살아남아 다시 바로 돌아왔다. 그러자 술에 취한 다른 남자가 나섰다.

"젠장, 나라고 안 될 리가 없지."

그러고 나서 창문에서 뛰어 내렸다. 하지만 그 남자는 10층에 닿아도 멈추지 않고 그대로 직행해 떨어지고 말았다. 그러자 바텐더가 화를 내며 말했다.

"내 이럴 줄 알았어. 슈퍼맨! 당신은 술만 취하면 왜 그러는 거야?"

하지만 이 유머는 9.11 테러 이후 불타는 엠파이어스테이트 빌딩에서 사람들이 절망적으로 뛰어내리다 사망한 이후로 더 이상 유머가 아니게 되었다.

삶이 무거울수록 더욱 필요한 것이 웃음이다. 중년에 다시 찾은 웃음과 새롭게 보여주는 유머는 당신의 인생을 더 활기차게 할 뿐 아니라 변화의 계기가 되기도 하고 성공의 열쇠가 되기도 한다.

요즘 중년 남자의 유머러스한 이미지 변신으로 신선한 충격을 주고 있는 광고가 화제다. 광고 속 주인공은 중견배우 임채무와 프로축구 박항서 감독이다.

평소 중후한 연기로 정평이 난 중견배우 임채무는 '점잔'을 버리고 '아이스크림'을 꺼내 들었다. 2002년 월드컵 당시 대한민국-이탈리아 전에서 이탈리아 선수가 시뮬레이션 액션을 하다가 모레노 주심에게 경고를 받는 장면을 패러디한 CF. 임채무는 모레노 주심으로 변신, 한 손에 레드카드 대신 아이스크림을 들고 항의하는 이탈이아 선수들 앞에서 눈 하나 꿈쩍 않는 연기를 능청스럽게 연출했다. 한동안 그는 젊은 스타들을 제치고 인터넷 검색어 1위를 차지했었다.

박항서 감독의 변신도 웃음을 자아낸다. 한 이동통신사 CF에서 박항서 감독은 신데렐라 문근영의 소망을 들어주는 축구 천사로 파격 변신, 하얀 턱시도에 주황색 나비넥타이, 날개 복장을 입었다. 그뿐이 아니다. 축구 응원을 간 신데렐라 문근영 대신 집 청소를 하며 던지는 경상도 사투리의 멘트 "아~ 집에 가야 되는데."는 친근하고 유머러스한 분위기를 자아내며 호감도를 상승시켰다.

이들 뿐이겠는가. 시트콤과 오락 프로그램에 출연하면서 이미지 변신을 한 탤런트 노주현, 전원일기의 응삼이 박윤배, 디자이너 장광효 등, 고리타분하게만 여겨졌던 중년 남자의 이미지에 유머를 접목하면서 새로운 제2의 전성기를 맞는 연예인들이 이미 한둘이 아니다.

유머가 인생의 전환의 계기가 되는 것은 연예인 뿐만은 아닐 것이다. 직장, 가정, 사회생활에서 적절한 유머를 구사하고 웃음을 잃지 않는 사람은 상대방에게 경계심을 없애고 호감을 준다. 그리고 센스 있고 똑똑해 보인다. 당연히 일에서 성공하고 능력을 인정받을 확률도 높아진다.

그런데, 이 좋은 웃음을 우리나라 사람 특히 중년남성들의 경우 하루 네 번도 웃지 않는다고 한다. 그들이 공통적으로 하는 말은 웃을 일이 없다는 것이다. 그러나 즐거운 일이 없더라도 일부러 웃으면, 얼굴의 근육들이 움직이면서 신경들이 뇌를 자극하여 엔돌핀이 다량 분비된다고 한다.

'나는 원래 웃음이 별로 없어.' '내 얼굴 표정은 내 기분과 상관없이 원래 이렇게 무표정해.' 라고 말하는 것은 틀린 말이다. 웃음과 표정을 연구하는 사람들은 웃음은 타고나는 것이 아니라 연습이고 습관이라고 강조한다. 또 자꾸 웃다 보면 표정까지 밝게 변한다.

독일의 한 철학자는 웃는 얼굴에 담긴 의미를 네 가지로 설명했다.

건강을 위한 웃음, 일상생활에서 원활한 교류로서의 웃음, 사랑의 표현으로서의 웃음, 그리고 '그럼에도 불구하고의 웃음'이 그것이다. 그가 마지막으로 지적한 웃음의 의미는 힘들거나 괴로울 때 그럼에도 불구하고 웃어야 한다는 것을 뜻한다. 행복해서 웃는다가 아니라 웃다 보면 행복해지더라는 것이 우리의 삶이라는 것을 말해준다.

웃지 않는 사람은 외롭다. 그러나 먼저 웃는 사람에게는 사람이 모인다. 당신이 웃어야 상대방도 웃고, 당신이 웃어야 가족도 웃는다. 당신이 웃어야 모두가 웃는다. 지금부터 거울을 보며 활짝 웃어보자. 당신의 웃음이 행복을 만들어줄 것이다.

chapter 4

가족에게 이유 있는 상을 요구하라

어릴 적부터 나는 상을 좋아했다. 성적 우수상, 글짓기상, 가창상, 그리기상, 달리기상, 그리고 개근상까지도 욕심을 냈다. 물론 욕심을 냈다는 것이지 상을 휩쓸었다는 것은 아니다. 종종 학교에서 뭔가 잘했다고 상을 주면 그리 대단한 상이 아닌데도 혼자서 으쓱해서 몇 번이나 상을 다시 보고 자랑하곤 했다. 그리고 상을 받으면 더 잘하려고 노력했던 것 같다. 그저 작은 종잇조각에 불과할 수 있는데도 그 상장 하나가 주는 심리적 효과는 참으로 신기한 것이었다.

하지만 학교를 졸업하고 나니 상 받을 일이 없어졌다. 물론 상 때문에 살아가는 것은 아니지만 학창 시절보다 더 열심히, 치열하게 살아가고 있는데 어떤 '상장'의 의미로나마 나를 격려해주는 것은 참으로 과분한 일이 되어버린 것 같다.

　어느새 주름도 늘고 머리도 빠지면서 모습은 의젓한 중년이 되어가고 있지만 우리 가슴 속에는 아직도 칭찬받고 싶은 마음이 남아 있다. 40년 이상을 착한 아들, 좋은 남편, 훌륭한 아빠가 되기 위해 발버둥쳤으면 이제는 찬사를 들어 마땅하다! 가족에게 이유 있는 상을 요구하라. 조금은 주책없고 뻔뻔한 아버지, 남편이 되자는 것이다.

　그렇다고 무턱대고 아내에게 '나 수고 했으니까 상 내놔라.' 하고 으름장을 놓으면 아내는 기가 막혀 할 것이다. '매일 밥상 차려주잖아!' 하고 소리를 지를시노 모른다. 먼저 자신을 돌아보고 당신의 장점은 무엇인지, 그리고 단점은 무엇인지에 대해 요약 정리를 해보자. 장점은 자랑스럽게 말하고 가족들의 인정을 받아내자. 그리고 단점은 당신의 의지로 고치겠다고 가족들에게 선포하고 지원을 요청해보자. 그리고 목표를 이루면 상도 달라고 졸라보자.

　목표나 계획이 꼭 거창할 필요는 없다. 예를 들면 이런 것이다. 그 동안 남자의 상징인 것처럼 여겨졌던 담배. 그 끈질긴 악마의 유혹을 이겨낸다면 가족에게 상을 요구하라. 아내의 근사한 밥상, 딸과의 영화 데이트, 아들 녀석에게 노래 한 곡을 부탁하라. 거친 피부가 조금씩 하얗게 되고, 몸에서 나던 담배 냄새가 사라지고, 늘어진 배가 조금씩 들어가면 당신은 자랑스러워질 수 있을 것이다. 가족들은 "아빠에게 저런 면이?" 하면서 스스로를 변화시키기 위한 가장의 노력을 다시 보기 시작할 것이다. 외계에서 돈만 벌어오는 존재였던 아버지가 원래는 우리 곁에 있는 다정한 한 사람의 인간이었음을 알게 되는 것이다.

조금 다른 이야기지만, 반대로 남편이 먼저 상을 요구하기 전에 아내가 먼저 위트 있는 상을 주는 것도 남편의 마음에 변화의 계기가 될 수 있다.

한 아내가 술을 너무 많이 마시는 남편 때문에 속상했더란다. 나이는 어느새 중년에 접어들었는데 젊은 시절처럼 과음을 하니 건강을 해칠까봐 걱정이 되었던 것이다. 술 좀 그만 마시라고 이야기하자니 잔소리 같고, 상냥하게 말이 나가지 않고 해서 싸움만 되더란다. 그래서 상장을 큼지막하게 만들어서 회사로 보냈다고 한다.

귀하는 대한민국 주류사업의 발전을 위해 몸을 아끼지 않고 불철주야 노력한 바, 이에 그 공을 인정하여 표창장을 수여함. 그리고 그간의 공로를 인정하니 이제는 그 자리를 후배에게 물려주고 귀하의 건강과 가정에 최선을 다하도록 특별 휴가를 줌.   −대한 주당협회−

그 상을 받은 남편은 당황했지만 아내의 마음이 전해져서 미안하면서도 행복한 기분이 들었단다. 회사에서도 유쾌한 웃음과 함께 그 일을 계기로 그에게 술을 권하는 일이 줄어들었고 감시 아닌 감시자가 되어 그의 금주에 많은 도움을 주었다고 한다. 아마도 그 아내는 술을 줄인 남편에게 더 큰 표창장을 주지 않았을까 하는 생각이 든다.

상의 의미는 상징적인 것이다. 이만큼 당신을 칭찬한다, 인정한다는 표현이다. 가족들의 진심어린 응원과 감사, 사랑보다 더 큰 상이 어디 있겠는가.

자, 그럼 가족들에게 상을 받았으니 이번에는 당신이 가족들에게 상을 줄 차례다. 내가 가족들에게 무시당하면 속상하듯이 아이들과 아내도 마찬가지다. 사소한 것이라도 칭찬이 필요할 때는 칭찬해야 한다.

친구 중 하나는 초등학교 다니는 아들에게 실수를 했다고 한다. 학교에서 상을 받았다고 들떠서 자랑하는 아이에게 무슨 상을 받았냐고 물었더니 '타자상'을 받았다고 하더란다. 컴퓨터 키보드를 잘 다룬다고 받은 상이라는데 그런 상도 있냐고 했다는 것이다. 요즘은 아이들의 사기를 돋우기 위해서인지 줄넘기상, 독서상, 발표상등 다양하게 상을 주는 모양인데, 우등상이나 글짓기, 그림그리기상에만 익숙했던 친구는 무심결에 무시하듯 말해버린 것이었다.

"아빠는 학교 다닐 때 그보다 더 좋은 상을 하도 많이 받아서 방 안에 도배를 할 정도였어. 네가 받은 상보다 훨씬 좋은 우등 상, 백일장, 사생대회상."

아들은 상처를 받았는지 그 뒤론 상을 받아도 아빠에겐 말을 안했고, 그는 아내에게 원망만 엄청나게 들었다고 한다. 상의 양이나 질을 떠나서 칭찬 받고 싶은 마음은 누구나 똑같다는 것을 그는 미처 알지 못했고 아들에겐 정말 미안한 행동을 한 셈이었다. 그 친구가 조금만 더 자신을 돌아보고 가족들을 돌아보았다면 아들을 더 행복하게 만들어줄 수 있었을지도 모른다.

가족들 간에 상을 주고받는 것은 서로에 대한 칭찬이면서 동시에 의견을 소통하는 방법이다. 어떤 상을 줄지 대화가 필요하며 그 과정에서 당신은 가족들의 이야기에 귀 기울여야 한다. 막내 딸 녀석의 요즘 관심사는 무엇인지, 아내가 갖고 싶어 하는 구두 상표는 어떤 것인지, 아들의 고민거리는 무엇인지 자연스럽게 가족의 일상 속에 들어가 보아야 한다. 그리고 그들이 원하는 것을 해주고, 도와주고, 칭찬해주어야 한다.

성적이 오른 아이들에게는 좋아하는 가수의 음반을, 다이어트에 성공한 아내에게 예쁜 속옷 한 벌을 사주기 위해서라도 그들이 원하는 것을 알아야 한다. 당신이 가족과 한 약속을 지키지 못했을 경우에도 가족에게 뭔가 베풀어야 한다. 아버지라서, 남편이라서 당연하게 베푸는 그런 것들과 차별화되는 특별한 이벤트로 가족들을 즐겁게 해주는 거다. 요즘 아들딸 녀석이 가장 좋아하는 가수의 노래를 멋들어지게 불러주는 것도 좋겠다.

달라진 남편과 아버지 덕분에 즐거워하는 가족들. 그리고 당신과의 약속을 지켜나감으로써 달라진 당신의 모습은 그 자체로도 빛나는 덤이 되는 것이다. 마음껏 웃고, 실컷 울고, 때론 아주 유치한 모습을 보이면서 자유롭게 사신을 표현하는 것. 그것이 이 땅의 아버지들이 건강하게 버티는 방법이고 가족들에게 이해받고 사랑받는 비결 아닐까?

'가장'이란 부담과 권위의 갑옷은 벗고 이제 가볍고 따스한 사랑의 옷으로 갈아입자. 당신의 어깨도 한결 가벼워 질것이다.

chapter 5

완장을 떼고 꽃을 사라

한 기업의 영업팀 부장으로 있는 친구가 나와 함께 가진 술자리에서 문득 이런 말을 했다.

"요즘은 말이야, 코미디 프로그램도 꼭 챙겨 봐야겠더라고. 자기들끼리 뭐라고 그러면서 막 웃는데 못 알아먹으면 나만 손해더라니까."

그러면서 이야기를 들려주는데 팀원들끼리 회의를 하다 힘들어서 '어휴, 피곤해'라고 한마디 했더니 부하직원 중 하나가 대뜸 "아~ 피곤한데~"라고 했다는 것이다. 그러자 직원들 모두가 웃는데 친구는 왜 웃는지를 몰라 어리둥절했단다. 자기를 비웃는 건가 싶은 생각이 들어 살짝 화가 나기도 하고, 그렇다고 왜 웃는지를 물어보는 것도 자존심 상해서 그냥 모른 척했다고 한다. 그리곤 직장 상사의 권위를 다들 우습게 보는 것 같아 며칠 동안 공연히 부하 직원들을 못살게 굴기도 하며 퉁명스레 대했다고 한다.

그리곤 얼마 뒤 아들 녀석이 공부하라고 하는 엄마에게 같은 말을 하는 것을 들었다고 한다.

"아~피곤한데~"

친구는 아들을 불러 세워 그런 말버릇이 어디 있냐고 나무랐고 아들은 삐죽대면서 "웃찾사에 나오는 요즘 유행어란 말이에요."라며 억울하다는 듯 말했다고 한다. 그날 저녁 처음으로 그 개그 프로그램을 보는데 자기도 웃기더란다.

다음 날 회사에서 직원들과 대화 도중 적절한 타이밍이다 싶어 그 말을 사용했더니, 부하 직원들이 다들 즐겁게 웃었고 왠지 자신도 젊어진 것 같은 기분이 들어 좋았다고 했다. 자격지심에 괜히 힘들게 했던 것 같아 좀 미안하기도 했단다.

지금 우리 사회를 권위가 상실되어가는 사회라고 안타까워하는 사람들이 많다. 또 한편에서는 시대가 얼마나 변했는데 아직까지 권위 타령이냐며 권위라는 말도 이제 사라져야 한다고 하기도 한다. 그러나 권위와 권위의식은 다르다.

권위란 '남들이 신뢰할 만한 뛰어난 지식이나 실력이며, 남들이 따를 수 있는 힘'이며, 권위의식은 '권위에 맹목적으로 복종하거나, 권위를 휘둘러 남을 억누르려고 하는 사고방식이나 행동'으로 표현할 수 있다.

권위의식은 나쁘지만 권위는 나쁜 것이 아니다. 권위란 주위 사람들이 나에게 만들어주는 것이고, 권위 의식이란 나에게 내 자신이 만들어주는 것이다. 그래서 진정한 권위는 직함이나 나이에서 나오는 것이 아니라 그의 능력과 품성 그리고 그와 같이 일하는 사람들에게서 나온다. 따라서 어찌 보면 모순 같지만 권위의식을 버릴 때 진정한 권위는 오히려 인정받게 될 수 있는 것이다.

만일 그 친구가 처음 그 유행어를 들었을 때 바로 그 웃음의 의미에 대해 물어보고 그 자리에서 함께 웃었다면 아마 직원들은 그를 더 멋진 상사로 여겼을 것이다. 몰라서 묻는 것 자체를 두려워하는 것이 권위의식이고, 권위의식을 내세워 부하직원들을 갈군다 한들 앞에서는 따를지언정 뒤에서는 수군대는 것이 당연하다.

이제 유연함은 멋진 중년을 위한 필수 항목이다. 권위의식을 버리면 자신에게 솔직해지고, 자신을 짓누르는 부담감도 덜어진다. 그리고 보다 인간적이고 젊어지는 자신을 느끼게 된다.

직장과 사회생활뿐 아니라 가족들에게도 마찬가지다.

마음은 가족을 충분히 사랑하고 있는데 도통 표현이 되질 않는다. 어색하고 쑥스럽고 귀찮기도 해서 중년 남자 특유의 무뚝뚝함은 잘 고쳐지지가 않는다.

어느 중년 부부가 부부싸움을 한 다음 아내가 말을 안 했다. 때가 되어 밥상을 차려놓고 남편은 밥을 먹고 아내는 말없이 빨래를 개고 있었다. 남편은 자신이 잘못한 것을 알고 있었지만 자존심 때문에 먼저 미안하다는 말도 못하고 묵묵히 밥만 먹었는데 오히려 살얼음판 같은 불편한 기분이었다. 아내의 말문을 열어야겠는데 남자 체면에 먼저 말을 꺼낼 수도 없고 어떡할까 곰곰이 생각했다.

마침 아내가 빨래를 가지고 옷장으로 가서 차곡차곡 넣는 것을 보고 남편은 옷장을 열고 무언가를 찾기 시작했다. 있는 옷을 다 꺼내고 부산을 떨었다. 아내는 모르는 척하다가 보자보자 하니 저렇게 어지르면 치우는 건 다 내 몫인데 싶어 화가 나서 물었다.

"도대체 뭘 찾는 거예요?"

그러자 남편이 웃으며 말했다.

"이제야 당신 목소리를 찾았네."

무뚝뚝한 중년 남자가 할 수 있는 최고의 애교 섞인 화해 요청이었던 것이다.

이 정도라도 할 수 있는 남자라면 그래도 정말 다행이다. 보통의 한국 남자라면 아마 불편함을 감수하면서 누가 이기나 입을 꾹 다물던가 아니면 아이에게 '엄마한테 전해라' 하면서 간접적 화해를 전하지 않았을까?

아이와의 갈등도 마찬가지다. '내가 아버진데 자식이 굽혀야지, 어디 버릇없이……' 하는 생각은 접어두자. 서열을 따지기 전에 정말 누가 잘못했는지, 먼저 갈등의 상황을 이해하려고 하자.

지금까지 항상 가족들과의 저녁식사나 간단한 선물로만 축하했던 아내의 생일. 근사하게 챙겨준 적이 없었던 것 같아 당신은 아내에게 내색도 하지 않다가 꽃을 선물하기 위해 회사 앞에 있는 꽃가게로 향한다. 며칠 전부터 봐 두었던 장미꽃에 플로리스트의 추천에 따라 화려한 꽃다발을 만들어 가벼운 발걸음으로 집으로 향한다.

평소처럼 저녁을 준비하고 있는 아내에게 "당신 생일이잖아." 하며 쑥스럽게 꽃을 건네는 당신. 그것도 멋대가리 없이 한손으로 쑤욱~. 당황한 기색이 역력한 아내는 퉁명스럽게 한마디 던질 것이다.

"꽃을 누구 코에 붙여? 이걸 먹을 수가 있어, 팔수가 있어?"

아, 상처받은 당신은 양복을 벗으며 내가 왜 갑자기 꽃을 샀을까 후회하기 시작한다. 편안한 트레이닝복에 늘어진 티셔츠를 입고 식탁에 앉은 당신은 못 봤겠지만, 저녁 식사가 차려지기 전 식탁에 앉아서 숙제를 하고 있던 딸은 보았다. 퉁명스럽게 한마디 하고 다시 식사 준비를 하러 돌아서는 순간 붉어지는 엄마의 볼을 말이다. 그리고 알듯 말듯 한 엄마의 미소도. 그리고 급하게 달려 나가는 다음날 아침, 당신은 미쳐 못 보았겠지만 당신이 선물한 꽃들은 화병에 곱게 담겨 식탁을 장식하고 있다.

회사에서는 과장으로, 집안에서는 가장으로 살아오면서 당신이 포기한 것은 '당신의 남성'과 '아내의 여성'이다. 사회에서 이루어지는 역할 놀이에 남성, 여성으로서의 짜릿한 감성은 포기하고 살았던 것이다. 아무리 먹고 사는 문제에 머리가 아파도, 자식들 문제로 골치가 아파도 꽃을 싫어하는 여자는 세상에 없다. 당신이 출근하고 자녀들도 학교로 보낸 후 집안일을 마무리해놓고 소파에 앉는 순간 당신이 선물한 꽃향기가, 그리고 어제는 몰랐던 당신의 마음이 아내의 감성을 자극하는 것이다.

꽃을 든 남자는 아름답다. 그 순간 그의 마음속에는 뭔가 달라진 그의 마음이 숨어 있기 때문이다. 그것이 사랑이든 배려이든 젊음의 감성이든 말이다.

변화는 언제나 이렇게 작은 것으로부터 시작하는 것이다.

당신의 애틋한 마음을 가족들에게 표현하라. 사회가 입혀준 권위주의의 옷은 가정에서는 필요 없는 것이다. 엄격하고 완벽함을 보여주는 아버지보다 가끔은 실수도 하고 모르는 것은 아내와 아이들에게도 물을 줄 아는 아버지가 아이들에게는 더 친근하고 다가서기 쉬운 모습으로 느껴진다. 가족들이 당신에게 원하는 것은 공감대이고 다정한 대화와 스킨십이다. 아내의 손을 한 번씩 잡아주거나 아이들과 손잡고 산책을 하고 머리를 쓰다듬어 주는 것만으로도 좋은 남편과 아버지가 될 수 있다.

진정한 권위는 권위의식을 버리고 솔직함을 드러낼 때 나오는 것, 그리고 가족들과 함께 하는 즐거운 경험에서 샘솟는 것이다. 오늘 자녀와 핫케이크나 떡볶이를 만들어보는 것은 어떨까? 처음에는 서툴러도 좋다. 서툴고 인간적인 당신의 모습에 가족들은 한 번 더 웃을 수 있을 테니까 말이다.

chapter 6

중년의 섹슈얼리티를 찾아라

20세기를 규정짓는 많은 키워드 중 하나로 빼놓을 수 없는 것이 바로 섹스다. 지난 19세기의, 다소 방탕하고 퇴폐적이었던 섹스에 관한 인식이 20세기에 들어와 가히 혁명이라고 불러도 좋을 만큼 변화가 빨랐다.

10년 전 만해도 여자들에게 "당신, 참 섹시해요."라는 말을 하면 뺨을 한 대 얻어맞을 수도 있었다. 섹시함은 곧 노골적 욕망. 그리고 그것은 부끄럽고 천박하다는 무의식이 작용했기 때문이다.

그러나 요즘 섹시하다는 말은 남녀를 불문하고 최고의 칭찬이 된다. 오히려 욕망을 억누르는 것이 어색한 것이며 본능을 인정하는 것이 자연스럽다는 인식이 널리 퍼졌기 때문이다.

그래서 섹스는 뒤에 숨기거나 수근거리는 테마가 아니라 적극적으로 즐기고 또 드러내도 무방한 것이 되었다. 이제 섹시하다는 말은 예쁘다 멋지다 착하다는 말과는 달리 가장 근원적이고 본능적이며 직설적인 호감의 표시인 것이다.

시대 변화에 가장 민감하게 반응하는 대중문화를 보면 더 뚜렷하게 느낄 수 있다. 이효리와 비로 대표되는 연예계의 섹스 심벌들 그리고 그 뒤를 따르는 섹시 콘셉트의 여러 가수와 배우들. 이제 대중스타는 노골적이든 은근하든 섹시한 이미지 없이는 호응을 얻기도 힘들게 되었다.

이렇게 사람들이 섹시한 이미지, 섹스코드에 열광하는 이유는 무엇일까? 그것은 바로 섹스, 성(性)은 본능이라는 것과 성 에너지야 말로 가장 근원적인 에너지이기 때문이다.

40대에 들어선 중년 남자들이 우울해 하는 이유 중 하나도 바로 이것과 관련이 있지 않을까? 일명 고개 숙인 남자라 불리는 중년의 남자들. 남의 이야기만은 아니기 때문이다.

특별히 의학적인 문제가 있는 것이 아니더라도 중년에 들어서면 몸이 예전 같지 않다는 것을 느끼는 남자들이 많다. 게다가 한국 남자의 50% 정도가 중년에 접어들면 발기 부전을 경험한다고 한다. 직장에서 밀려날지도 모른다는 불안감과 더불어 중년의 남자들을 불안하게 하는 또 다른 이유가 바로 이런 성적인 자신감의 문제다. 결혼 초에는 귀찮다는 아내를 들볶았던 것이 바로 나였는데, 이젠 아내가 샤워만 해도 무섭다는 둥 아내가 반바지만 입어도 가슴이 철렁하다는 둥 하는 우스갯소리가 남일 같지만은 않은 것이다. 이런 사정을 푹 퍼진 아줌마가 된 아내 탓으로도 돌려보기도 하고, 자신의 남성성을 찾아줄 색다른 자극을 찾고 싶어 하기도 한다.

남자들은 항상 '섹스=충격' 을 기대한다. 하지만 40대 부부의 섹스는 마일드할 수밖에 없다. 물론 부부관계에도 신선한 자극이 필요하지만 항상 충격적이고 음란하기를 기대하기는 어렵다. 성에 대한 지나친 환상과 판타지가 오히려 정상적인 성생활을 방해하는 요소가 될 수도 있는 것이다.

「누구에게나 비밀은 있다」라는 영화에 보면 '가족끼리 하면 근친상간' 이라는 주장을 펴는 남편에 적응해 무미건조하게 사는 여성이 등장한다. 이런 섹스리스 부부의 이야기도 이제 영화 속 이야기만은 아닌 듯하다.

어떤 이는 그의 판타지를 도저히 아내에게는 이야기할 수 없다며 "그런 것은 술집 여자들에게나 어울리는 얘기다."라고 잘라 말한다. 아내에게 그런 말을 하면 어쩐지 낯 뜨겁고 자신이 괜한 오해를 받을 것 같다는 것이다.

중년의 성이 위기를 맞는 원인이 여기 있다. 체력이나 기능의

저하가 아니라 파트너와의 대화 부족, 솔직한 표현의 회피, 아내와 여자에 대한 이중적 시각, 아내에게조차 거절당할지도 모른다는 자격지심이다. 때론 자신의 남성에 대한 확인을 가정 안이 아닌 바깥에서 찾으려고 하기도 한다.

외도 심리에 '쿨리지 효과' 라는 것이 있다.

미국의 쿨리지 대통령 부부 일화에서 유래된 말이다. 쿨리지 대통령이 어느 날 영부인과 함께 한 농장을 방문하였는데 닭장을 살펴보던 부인이 "수탉은 하루에 몇 번이나 암탉과 관계를 하나요?"라고 물었다. 그러자 농부가 하루에 열 번 이상이라고 대답했고 영부인은 그 말을 남편에게도 꼭 전해달라고 당부했다. 농부로부터 이 말을 전해들은 대통령은 농부에게 "같은 암탉과 계속 합니까?"라고 물었고 농부는 "다른 암탉과도 자주 합니다." 하고 대답했다. 대통령은 흡족한 듯 웃으며 부인에게 전해달라고 했다.

비단 닭뿐만 아니라 거의 모든 동물의 수컷에게서 이런 현상이 나타나기 때문에 남자들의 바람기를 두고 이 '쿨리지 효과'를 빌려 설명하곤 한다. 늘 익숙한 내 사람보다는 새로운 파트너가 기대와 설렘, 흥분을 주기 때문에 성적 자극을 극대화 한다는 것이다.

신혼부부의 불꽃 튀는 사랑놀이도 수삼 년 지나면서 시들해진다. 그 이유는 '점감 현상의 법칙' 때문인데, 같은 자극을 오랫동안 반복하고 있으면 반응이 무디어지고 감소되는 현상을 말하는 것이다. 매일 똑같은 패턴의 부부관계도 마찬가지이다. 익숙한 상대방의 몸이 마치 내 몸의 일부인양 느껴지고 늘 하던 방식의 섹스는 더 이상 자극적이지 않다는 것이다.

그렇다고 매번 상대를 바꿀 수도 없는 노릇이고, 지루해져 버린 섹스에 성적 자극을 유지 할 수 있는 방법은 없을까?

상대를 바꾸지 않고 변화를 주는 방법은 패턴과 환경을 바꿔보는 것이다. 새로운 분위기를 연출하거나 색다른 장소, 예기치 않았던 시간, 새로운 화장법과 애무, 야한 잠옷, 향수, 촛불 등으로 자극을 주는 것은 어떨까? 일상적인 섹스를 벗어나 섹스를 이벤트로 바꿔서 성적 관심을 되살아나게 하자.

한국성교육연구소에서 실시한 조사에 따르면 가장 기억에 남는 짜릿한 섹스 장소로 '바닷가 텐트 속', '한강 둔치에서 카섹스', '갈대 숲 속' 이라고 했다. 색다른 장소에서 하는 색다른 체위의 섹스. 이것이 곧 파트너를 바꾸지 않고 쿨리지 효과를 최대한으로 누릴 수 있는 지혜라고 할 수 있을 것이다.

권태를 극복하기 위한 갖가지 묘안을 찾는 것은 중년부부들의 필수적 숙제이다. 아직 살아 숨 쉬는 성적 본능을 이런 저런 핑계로 덮어두는 것은 젊어질 수 있는 방법 하나를 놓치는 것이고 아내와의 의사소통이 단절되는 것이며 가정생활의 활력을 잃는 것이다.

중년의 섹슈얼리티를 인정하는 것은 아내의, 여성의 섹슈얼리티를 인정하는 것이 첫걸음이다. 당신이 일탈을 꿈꾸는 것처럼 아내도 섹슈얼한 일탈을 꿈꾸고 있다는 사실을 알고 있어야 한다.

발기부전 치료제를 생산하는 한 다국적 제약회사는 '바이털 섹슈얼 맨(Vital Sexual Man)'이라는 용어를 만들어냈다. 40대 이상 중년 남자들 가운데 성적 노화를 받아들이지 않고 부부관계를 만족스럽게 유지하려 애쓰는 적극적 성생활 모델을 가리킨단다. 이 회사가 아시아 다섯 나라 '바이털 섹슈얼' 비율을 조사했더니 대만 63%, 호주 50%, 말레이시아 39%, 싱가포르 37%였고 한국은 26%로 꼴찌였다고 발표했다. 아시아 중년 남자 중에 가장 부부 관계 개선에 적극적이지 않다고 하니 아내들의 말 못할 불만도 이해할 만하다.

부부생활은 스킨십 그 이상의 진전된 커뮤니케이션 행위이다.

이제는 매너리즘에 빠진 결혼생활, 각자가 각박한 생활인으로써 살아가는 가정에서 섹슈얼리티를 논하는 것이 가당찮게 들릴 수도 있다. 하지만 섹스의 즐거움은 가정 안에 있는 것이다. 조금 더 다정하고 과감하게 아내를 안으면 당신과 아내는 섹시해 진다. 서로에 대한 경험과 이해를 바탕으로 하는 상상력과 창의 력이 부부관계에 열정을 되살릴 수 있다는 점을 중년 부부들은 명심해야 한다.

섹스에 대한 관심과 섹스에 관한 허심탄회한 대화는 더 이상 부끄럽거나 나쁜 것이 아니다. 나이에 걸맞은 섹슈얼리티를 찾 아가고 성적 긴장감을 늦추지 않는 것은 당신을 더욱 매력 있고 생기 있게 만들어주고 더 건강하게 만들어줄 것이다.

chapter 7

주책 없는 아저씨가 사랑스럽다

  적어도 한국에서는, 아줌마라는 말이 특이한 아우라를 가지고 고유명사로 굳어져 있는 것처럼, 아저씨라는 말이 풍기는 분위기 또한 독특하다. 배 바지에 흰 양말, 그리고 단정한 가르마로 대표되는 패션 감각, 그리고 "요즘 젊은 것들은……" 하고 시작되는 아저씨 특유의 고집, 게다가 젊은이들을 향한 불만만큼이나 여성에 대한 아집도 단단할 거라는 편견이 일단 생긴다. '고루하다' 는 말로 정리하면 적당할 것 같다.

  이렇게 답답한 아저씨들은 또 우리 아버지들의 모습이다. 한국의 고도 성장기를 온몸으로 이겨내고, 가족 하나만 생각하며 자신을 희생해온 자랑스러운 아버지들의 모습이다. 그들이 아무리 고루해 보여도, 완고하게 미간을 찌푸린 모습이 답답하게만 보여도, 우리는 때로 그들의 투박하고 딱딱한 태도 뒤에 숨겨져 있는 여린 가슴을 동시에 읽는다. 새벽같이 일터를 향해 걸어가는 중에도 길가에 피기 시작하는 꽃망울을 보면서 봄기운을 느끼는 우리 아버지의 모습을 말이다.

친구 중에 목사가 한 명 있다.

고민 많은 10대들의 카운슬러 역할도 도맡고 있는 그는, 목사라는 '타이틀'에 걸맞은(?) 짙은 색상의 슈트를 벗고 싶었다. 그래서 하루는 예쁜 분홍색 셔츠를 하나 사서 그의 아내에게 보여줬다고 한다. '잘 샀다'는 칭찬을 기대했던 그는 "그게 뭐냐?"는 핀잔만 듣고, 결국 남자들의 사계절 유니폼인 슈트를 다시 집어 들어야 했다.

대한민국의 중년 남자가 혼자 옷 가게에 들어간다는 것은 사실 굉장한 용기를 필요로 한다. 거기에다 분홍색 셔츠를 선택한다는, 자신의 '치장의 욕구'대로 실행한다는 것은 더 큰 용기를 필요로 한다.

결국 그는 분홍색 셔츠를 버렸다. 누구나 인정하는 원칙에 순응해야 했다. 그는 다시 한 번 깨달았다. 항상 그래왔듯이 자신의 숨겨진 본능은 숨겨진 채로 밝혀지지 않아야 한다, 조직의 다른 이와 다르지 않아야 한다, 조금의 일탈도 감히 꿈꾸지 말아야 한다, 절대 용기내지 말아야 한다, 는 것을 말이다.

왜 여자들에게는 화장이 당연한 '에티켓' 씩이나 되는데, 아주 조금 튀는 색상의 옷가지 정도가 남자를 '날라리' 내지는 주책으로 내모는 걸까? 영화에서는 '예쁜 남자'가 천만 관객 이상을 끌어들였다 하는데, 현실에선 아내조차 끌어들이지 못 한다. 여지없이 목사인 친구나 또 다른 내 친구들은 올 여름도 태양열 흡수에 뛰어나다는 남색 슈트와 보내야 한다. 목을 죄는 넥타이는 필수 착용 액세서리다.

언제까지 남자의 여름은 여자보다 더워야 할까?

이한우의 『태종, 조선의 길을 열다』에 보면 태종이 신하들 앞에서 눈물과 콧물이 코와 턱 사이에 가득한 채로 울었다는 대목이 있다. 왕도 울었다는데! 남자가 우는 게 뭐가 이상한 일일까?

지금까지 남성은 강하고 만능이어야 하며 절대 눈물을 보여서는 안 된다는 허위의 이데올로기에 빠져 속내를 드러내지 못하고 속으로만 전전긍긍하며 살아왔다. 젊었을 때는 그런대로 모르고 넘어가지만 남성이 4,50대가 되면 여성호르몬의 분비가 증가하기 때문에 자신안의 여성성은 더 커져만 간다. 왠지 젊었을 때랑 다른 자신을 발견하고, 목소리가 커지는 아내는 무서워지고, 핀잔이나 들을까 의논은 하기 힘들어진다. 그러다 보니 밖으로만 돌게 되고, 결국 결혼생활이 외롭다고 호소하는 중년이 점점 늘어나고 있다.

아내는 반대로 남성호르몬이 증가해 더 이상 예전의 그 여자가 아니게 된다. 자신의 여성성을 함께 하고 이해해줄 동지가 그리운데 아내는 남편의 변화와 감성을 이해해주지 못하는 것이다.

그래서 흔히 남자가 40줄에 들어서면 사춘기가 한 번 더 온다고 하는 것이다. 중년은 특히나 아내들의 이해가 절실히 필요한 시기이다. 특히나 요즘처럼 사회적으로 중년 남자들의 입지가 줄어들고 있는 상황에서는 더욱 그렇다. 지금은 아무리 훌륭한 사냥꾼, 낚시꾼이라 해도 잡을 것이 없는 상태이다. 빈손으로 돌아오는 날이 훨씬 많은 상황이지만 따뜻하게 맞아줘야 하는 것이 가족이다.

남편인들 빈손으로 돌아오고 싶었을까? 그런 남편에게 왜 빈손으로 돌아왔냐고 닦달을 하면서 '다른 남편들은 잘만 사냥을 하더라, 월척을 낚아오더라.'라며 비교를 한다면 그 남편의 심정은 어떨까? 자신의 한계만을 실감할 뿐이다. 위기감에 빠진 남편을 죽음으로 몰지도 모른다. 남편을 믿고 기다려주자. 그러면서 용기를 주는 것이 아내의 역할이다.

"지금껏 많은 것을 잡아왔잖아요. 잘 되는 날도 있고 안 되는 날도 있는 거예요. 조금 쉬면서 재충전한 뒤 다시 나가면 반드시 좋은 결과가 있을 거예요."

남편에게 가족의 믿음과 사랑은 무엇과도 바꿀 수 있는 힘이 된다. 남자는 다시 용기를 내서 정글 속으로 사냥감을 찾으러 나갈 것이다.

아내들에게도 중년에 접어든 남편의 모습이 문득 낯설게 느껴질 때가 있을 것이다. 평소에 안 입던 옷을 입어보며 쭈뼛거린다거나 우울해 하면서 말이 없어진다거나 혹은 연속극을 보면서 눈물을 흘릴지도 모른다.

"이 남자가 바람났나? 갑자기 웬 옷 타령?"

"요즘 들어 말이 없네. 나한테 애정이 식었나? 흥, 나도 정 떨어진지 오래다."

남편의 변화를 보면서 혹시 이렇게 생각하고 있지는 않은가? 혹은 안하던 짓을 한다고 주책으로 여기며 핀잔을 주고 있지는 않은가?

시대는 눈에 띄게 급변하고 있다. 남성의 눈물이 부끄러운 시대는 지나가고 이제 남자의 솔직한 감정표현이 미덕인 시대이다.

예전에 한 TV 광고에서 재밌는 장면을 본적이 있다. 아내가 남편의 얼굴에 팩을 해주는 장면이었는데, 아내의 무릎을 베고

누운 남자는 행복한 표정으로 이렇게 말한다.

"이러다 나 조인성처럼 되면 어쩌지?"

동그란 얼굴에 살집 넉넉한 그의 모습은 우리 주변에서도 흔히 볼 수 있는 아저씨였다. 피부 관리를 하면서 조인성처럼 미남이 될 것을 기대하는 주책 없는 아저씨의 모습은 어쩌면 우리 남편들의 속마음일지도 모른다. 늙어가는 외모에 대한 걱정, 아내로부터 받고 싶은 따뜻한 관심, 잊고 있었던 여성성에 대한 표출, 이해받고 싶고 때론 어리광도 부리고 싶은 마음이 바로 그것이다.

중년을 맞이하는 남자들의 마음속 한구석에 있는 이런 감성은 더 이상 이상한 것이 아니다. 다 늙어서 주책이라고 놀림 받으면 어떻고 좀 약해보이면 어떤가? 그냥 표현하자.

권위적인 마초보다는 주책 없는 아저씨가 사랑스럽다. 이제 아내들이 그들을 안아줄 때가 온 것이다.

chapter 8

디지털 지수를 높여라

얼마 전 수년간 사용하던 핸드폰이 고장 나서 새것으로 교체했다. 판매하는 직원이 어찌나 친절하던지 사용하지도 않을 다양한 기능과 혜택을 끝까지 듣고서 나왔다. 전혀 이해되지 않았지만, 그간의 사용 경력과 매뉴얼 책자가 있기에 별 염려 없이 나온 것이다.

각종 기능들이 제조사별로 다르다는 것을 안 건 집에 돌아와서이다. 카메라가 몇 만 화소이고, 엠피쓰리가 어떻고…… 나완 상관없는 얘길 하기에 한 귀로 듣고 말았는데, 막상 전화를 하려고 보니 잠금장치라는 것이 화면에 뜨더니 비밀번호를 입력하라는 것이다. 아뿔싸, 전화번호 뒷자리부터 생년월일까지 알고 있는 숫자란 숫자는 다 눌러댔지만 내 돈 주고 산 내 핸드폰은

문을 열어주지 않았다. 결국 몇 시간 후 아들 녀석이 두어 번 눌러대고선 간단히 해결됐지만, 당시 난감함이란 이루 말할 수 없었다.

요즘 아이들은 디지털 신호를 읽는 것이 분명하다. 핸드폰도 그렇지만, 신종 기기나 소프트웨어에 대해서 별다른 거부감이나 두려움이 없다.

아들 녀석은 초등학교도 들어가긴 전에, 선물로 받은 게임 CD를 매뉴얼도 보지 않고 자판 몇 개를 쳐보고선 바로 게임을 즐겼다. 게임을 만든 회사가 모두 다르고 아이템 사용방법들도 각기 다르거니와 간혹 난해한 기종도 있을 텐데, 요즘 아이들은 별 어려움 없이 그야말로 자유자재로 디지털 문화를 향유하고 있다.

반면 40대들은 지금까지 새로 나온 여러 디지털 기기들도 채 익숙하지 않았는데 매일매일 새로운 무언가가 나오는 게 부담스럽다. 그러다 보니 새로운 기계를 사긴 하지만 그 기능을 아는 것에는 게으르고 무심하다.

각종 디지털 제품은 쏟아지는데 그중 몇 개나 제대로 사용하고 있을까? MP3나 디지털카메라, 첨단 휴대폰의 문자메시지 등, 디지털 세대에 디지털 문화를 마음껏 향유하고 이 디지털 기기들을 마음대로 작동할 수 있는 중년은 과연 얼마나 될까?

나날이 발전하는 디지털 기기 및 디지털 문화는 40대 나이가 된 사람들에게 '디지털 고독'을 느끼게 한다. 자신들은 잘 사용하지 못하는 디지털 기기를 신기에 가깝게, 진짜 '신의 손'처럼 자유자재로 사용하는 젊은이들을 보면 그들에 대한 외경심과 함께 자신이 열등하게 느껴질 수 있다. 편리하다고 하는 이 디지털이 괜히 주눅 들게 하고 젊은이들에게 상대적으로 기죽고 눌리는 느낌을 받는 원인이 되고 있다면, 40대는 디지털 시대를 향유하는 것이 아니라 디지털 아이러니를 겪고 있다고 할 수 있다.

사실 새로운 문명과 기기들이 등장하는 것은 역사적으로 늘 있어왔던 일이다. 처음 라디오가 등장했을 때나 텔레비전이 등장했을 때도, 무선호출기를 거쳐 휴대폰이 처음 선을 보였을 때도 사람들은, 특히 나이 드신 분들은 지금과 똑같이 편리함과 놀라움 그리고 낯설음을 느꼈다. 그러나 요즘과 다른 것이 있다면 그 전파 속도에 있다.

라디오가 보편화 되는 데 걸린 기간은 25년, TV가 20년, 컴퓨터는 10년 정도, 그리고 인터넷은 5년이 채 안 되었다. 휴대폰 역시 엄청나게 빠른 속도로 현대인의 필수품으로 자리 잡았다.

이젠 휴대폰으로 텔레비전을 보는 것은 물론이고, 초고속 인터넷을 즐길 수 있는 와이브로까지 등장했다. 아마도 디지털 문명은 점점 더 가속도가 붙을 것이다.

컴퓨터와 디지털 관련분야에 대해 전혀 학습을 받지 못했던 우리 세대에겐 참으로 어려운 일이다. 큰맘 먹고 구입한 최신형 디지털 기기들, 간신히 기능을 익혀 이제 좀 익숙하게 쓰려고 하면, 어느새 신제품이 나오고 내 것은 구형이 되어 있다. 내가 알던 최신기계의 상식이나 작동 방법, 트렌드도 벌써 지나간 이야기가 되어있다.

이쯤 되면 차라리 모르고 살자 싶어진다. 그리고 빠르고 차갑고 변덕스런 디지털과 디지털 세대도 곱지 않게 보인다. 그리곤 '못 해서' 안 하는 것이 아니라 '싫어서' 안 하는 것이라 말하기도 한다. 여기에도 남자 특유의 콤플렉스가 작용한 것이다.

완벽하게 알아야 할 필요가 있을까? 좀 모르면 어떻고 '신의 손'이 아니면 어떤가.

정보는 조금만 부지런하면 얼마든지 얻을 수 있는 것이고, 다루는 방법은 습관들이기 나름이다. 완벽할 필요는 없다. 웬만큼만 하면 된다. 디지털 기기만 웬만큼 다룰 줄 안다면 세대 간의 격차나 소외감 같은 것은 많이 완화 시킬 수 있을 것이다.

아이들의 하찮은 장난이라 여기던 문자 메시지의 이모티콘을 몇 가지 배워보라. 허무하기도 하지만 '하하, 이게 그런 뜻이었나?' 싶어 웃음 짓기도 할 것이다. 그리고 용기를 내어서 아들이나 딸에게 한번 보내보자. 중년의 아버지에게 받는 문자메시지와 이모티콘. 자녀에게 친근함과 감동일 것이다. 그렇게 조금씩 시도해보면 장난처럼 보이는 인터넷 세상이나 오락 역시 낯설고 관심을 두기가 어려울 뿐이지 일단 익숙해지면 일상의 활력이 될 것이다.

새롭게 시작하는 모든 일이 두렵고 익숙지 않은 사십대에게 디지털은 난공불락의 성이 아니라 단지 '새로움'일 뿐이며 그것은 익숙해짐으로써 극복할 수 있는 것이다. 그리고 그 과정에서 '디지털은 젊다'거나 '디지털은 어렵다'는 편견을 버릴 수 있는 것이다.

한국의 디지털기기의 발전에는 특히 얼리어답터(early adopter) 그룹의 존재가 크게 작용했다. 얼리어답터는 새로운 제품이 출시될 때 남들보다 먼저 제품에 관한 정보를 접하고, 제품을 먼저 구입해 제품에 관한 평가를 내린 뒤 주변 사람들에게 제품의 특성을 알려주는 성향을 가진 일련의 소비자군을 말한다.

아예 이참에 얼리어답터가 돼보는 건 어떨까? 새로운 정보를 찾고 신제품에 대해 관심을 가지고 먼저 구입해보자. 뒤쫓아 가는 것이 힘들다면 아예 생각을 바꿔서 먼저 앞으로 나가서 끌고 가보는 것이다.

디지털은 세상을 참 많이, 그리고 빨리 변화시켰고 편리하게 만들어주었다. 그만큼 또 여러 가지 단점도 가지고 있다. 디지털

증후군, 리셋 증후군 등 여러 가지 새로운 병도 양산했고, 실제적인 인간관계나 교류보다는 가상공간에서 언제든지 접속을 끊고 달아날 수 있는 단절적 인간관계와 교류를 만들었고 그 속에서 인간미를 상실해가기도 한다. 실제로 디지털 세대라고 불리는 20대와 30대 초반의 사람들은 집단과의 교류에 별로 흥미가 없고 개인적 활동에 더 관심을 가지고 많은 시간을 보낸다고 한다.

보는 시각에 따라서는 인간미 없고 차갑고 공허한 것이 디지털이다. 한 가지 다행인 것은 그래도 세상이 디지털만으로는 이루어 질 수 없다는 것이다.

앞으로는 디지털의 기술과 아날로그의 감성이 함께 가는 디지로그(Digilog)의 시대가 올 것이라는 이야기도 들린다. 디지털이라는 편리한, 그러나 공허할 수 있는 첨단 기술에 인간의 숨결을 불어넣는 아날로그적 터치가 필요하다는 것이다.

디지털이 더욱 보편화되고 아날로그를 밀어낸다고 해도, 아날로그는 결코 없어지지 않는다. 인간이 보고 말하고 느끼는 모든 것들이 바로 아날로그이기 때문이다.

젊은 세대들 중에도 이런 아날로그의 가치를 높이 사고 그 매력에 푹 빠져 있는 사람들도 많다. MP3나 CD의 디지털 음악보다는 사람이 숨 쉬는 것 같은 느낌을 준다는 LP의 아날로그 음을 좋아한다거나, 저장과 삭제가 쉬워서 마구 찍어내는 디지털 카메라의 편리함보다는 한 장을 찍어도 정성을 다해서 찍는 필름 카메라를 선호하는 사람들이 그 예다. 아날로그의 서두르지 않는 정신, 그리고 희소가치에 의미를 두기 때문일 것이다.

나는 이 디지로그란 말이 참 멋있게 들렸다. 그리고 이것이 얼마나 중년에게 어울리는 말인가 하는 생각이 들었다. 열심히 이 시대를 살아가며 새로운 문화를 익히고 그것을 이끌 줄 알면서 또한 인간적 감성을 잃지 않고 사는 세대.

중년 남자들, 감성은 차고 넘치지 않는가?

멋진 디지로그 세대가 되기 위해서는 이제 디지털 지수를 높여야 할 때다.

chapter 9

목표 세분화로
성공신화를 만들어라

세상에는 네 종류의 사람이 있다고 한다.

목표가 있고 열심히 일하는 사람.

목표가 있지만 게으른 사람.

목표도 없고 게으른 사람.

목표는 없는데 열심히만 하는 사람.

물론 가장 긍정적인 인간형은 목표가 있고 열심히 일하는 사람일 것이고 가장 부정적인 인간형은 목표도 없고 게으른 사람일 것이다. 그러나 이중에서 가장 위험한 사람을 고르라고 한다면 목표 없이 그냥 열심히만 일하는 사람이다. 왜냐하면 그런 사람들은 이용당하기 쉽기 때문이다.

미국의 성공 철학자 지그 지글러는 이렇게 말했다.

"목표가 없는 사람은 목표가 있는 사람을 위해서 일해야 할 종신형에 처해 있다!"

어쩌면 많은 사람들이 자신의 목표는 세우지 못한 채 대의명분과 시대의 흐름에 휩싸여 그냥 죽자고 일하고 있는지도 모른다.

성공 철학자들은 이렇게 이야기하곤 한다.

1. 인구의 3%는 독자적인 부를 누리고 있다. 그들은 글로 작성된 구체적인 목표를 가지고 있다.

2. 인구의 10%는 여유 있게 살고 있다. 그들은 마음속에 몇 가지 목표를 가지고 있다.

3. 인구의 60%는 그저 생계를 꾸려가야 한다. 그들은 거의 목표가 없다.

4. 인구의 27%는 구호 대상자이다.

지나친 억측일지는 모르겠지만 어쩌면 인구의 13%를 위해 나머지 사람들은 그저 일만 하고 있을지도 모른다는 생각이 든다.

당신은 과연 어디에 속하는가?

살아감은 분명 뚜렷한 행위이다. 먹고 자고 웃고 울고 사랑하고 일하며 하루하루를 열심히 살며 달려가고 있다. 그러나 성공과 행복에 대한 기대감으로 달려오긴 했는데 그 성공과 행복이라는 것이 구체적이지 않은 탓에 돌연 허무하고 어리둥절해지는 것이 사실이다.

이제 막연히 '그냥 잘살기 위해서' 전진하는 것이 아니라 지금 갖고 있는 시간, 에너지, 재산이라는 자원을 가지고 구체적인 꿈과 뚜렷한 목표를 그려보아야 한다.

과연 나에겐 무엇이 목표였던가, 혹은 목표가 있었던가를 한번 생각해보자.

'내가 원하는 것은 무엇인가?'

'10년 후 어떤 모습이길 바라나?'

'5년 후 어떤 모습이길 바라나?'

'올해 가기 전에 무엇이 이루어지길 바라나?'

'나는 지금 무엇을 위해 노력하는가?'

위의 질문에 대해서 명확하게 답을 할 수 있다면 당신은 성공할 수 있고 행복을 찾아갈 수 있는 사람이다. 하지만 하나라도 답을 할 수 없다면 문제가 있다.

내가 무엇을 원하는지도 모르고 무엇을 위해 일하는지도 모르고 있는 사람은 심각하다. 자신이 어디로 가고 있는지 어디로 가

야할지 모르고 무작정 길을 떠나고 있는 사람이기 때문이다,

또 원대한 인생의 꿈은 있지만 그 꿈을 이루기 위한 단계별 목표는 제대로 가지고 있지 못한 사람도 있다. 물론 인생 전체의 목표도 중요하다. 그러나 그 목표를 이루기 위한 세부적 목표 역시 구체적으로 그려져 있어야, 보다 빨리 그리고 시행착오를 줄이며 이루어 나갈 수 있다.

일생에 에베레스트를 오르는 것이 목표라면 무작정 그 산을 오르는 게 아니라 먼저 한라산을 목표로 삼아 올라보고, 다음은 안나푸르나, 몽블랑, 이런 식으로 목표를 하나씩 이루어 가면서 최종 목표에 도달해야 하지 않을까?

올해 안에 무엇을 배워보겠다. 2년 안에 자격증을 따겠다. 매년 가고 싶은 여행지를 정해두고 다녀오겠다. 혹은 사업자금 마련을 위해 목표액을 설정하고 몇 년간 적금을 붓고 몇 년 안에 그 돈을 모으겠다는 목표라도 좋다. 이것을 당신의 다이어리 맨 앞 페이지나 달력에 표시해두자.

구체적인 숫자나 기록으로 된 목표는 실천하기가 쉽다. 목표를 달성했는지 여부를 체크 할 수 있기 때문이다. 목표는 시간이 지난 다음에 반드시 평가를 해야 하는데 모호한 목표는 평가할 방법이 없다. 게으름을 피우고 자신과의 약속을 어기고 난 뒤에도 그것을 자각할 기회를 잃게 되고 다시 또 모호한 목표만을 정

해 실패를 반복할 가능성이 높다.

구체적인 세부 목표를 세웠다고 해서 반드시 달성한다거나 승리하는 것만이 성공은 아니다.

야구를 예로 들어보자. 야구는 끈기의 게임이다. 어느 한 지점에서 스코어를 올려도 승부를 장담할 수 없다. 앞서고 있어도 결코 오만해질 수 없다. 게임의 승리가 목표이지만 한 회 한 회의 작전과 점수가 그 목표를 이뤄가는 것이다. 실수가 있으면 또 극복하며 최종목표를 향해 달려가야 한다.

누구나 목표를 그리지만 모두가 목표를 성취하는 것이 아니다.

불분명한 목표 때문에 맹목적 질주만 하다 에너지를 소비하는 경우도 많다. 성공하지 못한 사람이 실패할 목표를 세웠을까? 그렇지 않다. 다만 구체적인 목표가 아니었거나 목표를 이룰 구체적인 계획을 세우지 않았을 뿐이다.

구체적으로 생각하자. 당신이 원하는 것을 향해 가까이 갈 수 있을 것이다.

chapter 10

용기만 준비해도 변화가 꽃핀다

아마 중학교 생물 시간이었을 것이다.

막연히 '원숭이가 세월이 흘러서 사람으로 변화된 거라더라.' 하는 이야기만 듣다 처음으로 진화에 대한 과학적인 그리고 척추동물들에 대한 설명을 들었다.

물고기의 지느러미, 새와 박쥐의 날개, 말의 앞다리, 고래의 앞 지느러미와 사람의 팔의 근원이 모두 같다 하니 당시 내겐 참 놀라운 사실이었다. 그리고 그 진화의 이유는 다름 아닌 생존이었다. 각각의 환경에 맞춰 생존하기 위해 그 모습을 변화시켜 왔기 때문에 지금의 모습이 달라졌다는 '적자생존의 법칙'이 작용한 것이다. 그렇게 크고 강한 공룡이 멸망할 수밖에 없었던 이유는 변화하지 않았기 때문이었다. 지구상에 살아남은 생물은 '강한 자'가 아니라 '환경에 잘 적응한 자', 바로 생존할 수 있는 '적자'인 것이다. 변화하지 않으면 지구상에서 살 수가 없었다.

공룡이 변화하지 않아 멸망하는데 긴 시간이 걸렸다고? 천만 에, 변화하지 않아서 죽어버리는 일은 긴 세월을 요하는 것이 아 니다.

변화에 즉시 대처하지 않아 죽음을 맞게 된 개구리의 이야기 가 있다.

미국 코넬 대학교의 연구진들은 개구리 한 마리를 차가운 물 이 담긴 비커에 넣었다. 분젠 버너 위에 그 비커를 놓고 1초에 0.017도씩 물이 데워지도록 불꽃을 작게 해놓았다. 온도의 변화 가 너무나 미진했기에 개구리는 그 변화를 눈치 챌 수가 없었다.

비커 안이 편안했을까? 따뜻해서 졸리기도 하고 움직이기가 귀찮았을까? 개구리는 비커 밖으로 나갈 생각을 하지 않았다. 온도는 계속 올라가는데도 개구리는 비커 속에서 빠져 나올 생 각을 전혀 하지 않았다. 두 시간쯤 지나 그 개구리는 결국 죽음 을 맞이했다. 아니 정확히 말하면 삶아졌다. 어처구니가 없겠지 만 사실이다. 자기도 모르게 죽어버렸다. 개구리는 밖으로 뛰어 나가야 하는 자신의 변화를 실천하지 않았다.

사람은 선천적으로 변화를 두려워한다고 한다. 변화를 바라는 마음은 있으면서도 변하지 않으려고 한다는 것이다. 지식, 자세, 행동, 조직 등 모든 변화를 두려워한다.

지금까지 만난 경영자들의 말을 들어보면 변화를 두려워하는 회사들이 대부분이라고 한다. 새로운 부서의 편입을 위해 조직도를 바꾸는 일에서부터 명함 디자인 하나 바꾸는 일까지, 변화를 두려워하니 그러한 종류의 일을 처리하는 데 상당한 시간이 소요된다. 지금도 잘 되고 있는데 무엇 때문에 바꾸느냐는 식이다. 하지만 물이 고이면 썩는다. 반면 흐르는 물은 썩지 않는다. 계속 변화해야 하는 것이다.

삼성전자란 회사가 일류기업임은 누구나 인정한다. 그렇다고 그들이 여유를 부릴까? 천만의 말씀이다. 그 기업은 '냉혹한 해외시장에서는 시장을 선점한 1등만이 살아남으며, 2등은 영원한 꼴찌'라는 생각으로 일한다. 더 크고 더 넓게 생각한다. 현재의 기업 환경이 혹독하고 냉엄해 변하지 않으면 생존 자체가 불가능하다고 이야기하며 한시도 고삐를 늦추지 않는 기업이다. 변화에 뒤쳐지는 기업과 개인은 실패한다. 환경 변화에 따라 진화하지 않는 종이 결국 멸종하는 것처럼 말이다.

불과 10년 전 만해도 우리는 이발사나 미장원 직원들을 '깍새'라며 폄하했다. 지금은 '헤어 아티스트' 또는 '헤어 디자이

너'로 불리우며 이들의 가치는 한껏 높아졌다. 화장은 여자의 전유물이었지만 지금은 남성 화장품, 그것도 스킨로션 같은 기초 화장품뿐만 아니라 색조 메이크업 제품까지 팔리고 있다. 백화점에 남성용품 전문점이 문을 열었고 할인 마트의 남자 화장실에 기저귀 교환대가 등장했다. 예전에는 생각도 못하던 일들이 하나 둘씩 일어나고 있는 것이다. 시대의 변화는 기존의 직업관을 변화시키고, 성(性) 역할에 대한 고정관념을 변화시키고, 의식도 변화시켰다.

우리가 살아가는 21세기는 한마디로 '변화의 시대'다. 인류 역사가 시작된 이래 세상은 끊임없는 변화를 거치며 발전해왔지만, 오늘 우리 세대가 경험하는 변화만큼 그 넓이와 깊이와 속도에 있어 혁명적인 시대도 없다. 자고 나면 새로운 용어와 신제품, 신문화가 생겨나는 것 같다. 어제가 다르고 오늘이 또 다르다. 좀 과장을 하자면 멀미가 날 정도다. 이대로 가만히 있자니 도태되는 것 같아 불안하긴 한데, 쇠퇴한 몸과 머리로 어정쩡하게 따라가자니 어째 꼴만 우스워질까봐 두렵기도 하고, 귀찮기도 하다. 대부분의 사람들은 지금 이대로 안주하고 싶어한다. 나이가 들수록 더하다. 괜히 변화를 시도하다가 지금보다도 더 못한 상황, 본전도 못 건지는 상황이 될까 두려워하는 것이다. 평화와 안정이 깨지고 실패로 인한 좌절감과 고독 그리고 아픔을 겪는 것이 두려운 것이다.

그러나 현재의 생활을 고집하는 사람에게는 발전이 있을 리 없다. 성장을 하려면 변화해야 한다. 시대의 변화에 부응하여 과감히 변화할 줄 아는 사람만이 남에게 뒤지지 않고 발전해 나갈 수 있다. 변화할 줄 아는 결단력은 용기이며, 그것은 성공의 기회를 포착하는 지혜이자 도태되지 않는 유일한 수단이다.

변화는 생존 뿐 아니라 젊음도 가져다준다. 낡은 집도 리모델링 과정을 거치면 세련되고 멋진 집으로 변신한다. 오래된 기업도 회사의 상징인 로고를 시대에 맞는 디자인으로 변화시키면서 낡은 이미지를 버리고 첨단의 이미지를 얻는다. 그리고 결국 다시 그 젊은 이미지가 기업의 생존을 좌우한다.

중년의 나를 변화시킨다는 것은 나를 다시 리모델링하는 것과 다름없다. 주름 제거 수술을 하고 머리카락을 심으라는 이야기가 아니다. 물론 그것이 당신의 삶을 훨씬 긍정적으로 변화시킬 수 있다면 대찬성이다. 하지만 더 중요한 것은 의식의 변화다.

생각이 변하면, 외모도 변하고, 행동도 변한다. 그리고 당신의 미래가 변한다.

일단 시도하자.

세상에는 두 부류의 중년이 있다.

늙어가는 사람, 변화하는 사람.

지금처럼 무조건 참고 견디는 식으로 세월에 떠밀려 그저 늙어가는 사람, 그리고 반대로 주도적으로 변화해가고 개성을 재창조해가는 사람이다. 어떤 삶이 더 멋진 삶인지는 굳이 설명을 하지 않아도 잘 알 수 있을 것이다. 참 다행인 사실은 그 두 가지 삶 중에서 어떤 삶을 살아야 할지 선택하고 실천하는 것은 우리 자신의 몫이라는 것이다.

그래서 중년을 또 다른 말로 다시 살아가는, 갱년기(更年期)라고 하지 않는가.

그러나 40대쯤 되면 새로운 것에 대한 시도와 그에 따른 충격이 전무한 시기이며, 그야말로 매너리즘 속에 매몰돼가는 시기라 할 수 있다. 무감각 무감동의 시기이며, 이미 오랜 감가상각으로 마모되고 무뎌진 시기임에도 불구하고, 자신의 경험에 대해 권위와 절대성을 부여하고 그것으로 먹고 살 시기라고 스스로 생각한다. 세상 색다를 게 없다는 투다.

지금까지의 생활에 염증을 느끼고 목표 의식조차 상실했다면 새로운 것을 시도할 시간이 되었다는 뜻이다. 그동안 그저 덮어두기만 했던 꿈, 생활의 작은 일탈, 하고 싶었던 무엇인가가 있는가? 대학시절 주말마다 가지고 다녔던 수동 카메라는 어디에 있는지, 그리고 작가를 꿈꾸며 낙서를 끼적이던 연습장은 어디에 있는지, 혹은 늘 꿈꿔왔던 사업계획, 여행계획이라도 좋다.

생각은 많은데 무엇을 어떻게 시작해야 할지 모르겠다면 먼저 서점으로 달려가 책을 찾아보거나 인터넷을 뒤져 정보를 뒤져보자. 일단 시작하려고 마음먹고 길을 찾으면 생각보다 어렵지 않게 변화를 추구할 수 있고 새로운 일에 도전할 수 있다.

어렵사리 큰맘 먹고 변화를 시도해 보려고 하지만 당신의 뒷덜미를 당기는 뭔가가 느껴질지도 모르겠다. 바로 주위의 시선과 현실의 잣대 그리고 시도도 해보지 않고 포기해 버리고 마는 나약함이다.

이 나이에 이런 걸 시작한다면 나를 우습게보지 않을까?

제대로 하지 못하고 실패하면 더 창피나 당하지 않을까?

지금 내가 한가하게 취미 생활이나 즐기고 있을 상황이기나 할까?

남들은 아직도 열심히 달리고 있는데 나만 경제적으로 뒤처지는 것은 아닐까?

가까스로 찾은 당신의 꿈에 들이대는 현실이라는 잣대는 사실 그다지 현실적이지는 않다. 사람들이 흔히 '현실적'이라고 이야기 하는 것은 '다수가 쉽게 선택하는 삶'을 말하기 때문이다. 다수가 선택한 삶이 옳은 것은 아니다. 물론 나에게 꼭 맞는 것도 아니다. 모처럼의 활력을 다수와 같은 삶이라는 막연한 잣대로 포기하는 것은 어리석은 일이다.

얼마 전 MBC의 '가족애발견'이란 프로그램에서 독특한 제2의 인생을 사는 한 중년남자의 사연이 소개되었다. 번듯한 중소기업의 사장이 47세의 나이에 연기자에 도전한 것이다. 연기학원에 등록해서 새벽같이 강의를 들으러 다니고 혹시 모를 배역을 위해 댄스스포츠, 승마를 배우고 틈날 때마다 연기 모니터를 하는 그를 보고 처음엔 반대하던 가족들도 그를 이해하고 든든한 후원자가 되어가는 것이었다. 미쳤다는 소리도 들었지만 어릴 적 너무나 간절히 원했던 꿈이기에 그는 되든 안 되든 끝까지 도전해보겠다며 행복한 미소를 지었었다.

중년의 새로운 도전은 그의 사례만 있는 것은 아니다.

탤런트 유인촌 씨와 안성기 씨도 40이 넘어서 스노보드를 배우기 시작했다. 젊음의 전유물처럼 여겨졌던 스노보드, 스키와 달리 힘이 많이 든다고 해서 걱정을 안 한 것도 아니지만 끝까지 도전했고 지금은 수준급 실력을 갖추었다고 한다. 그리고 한 중년의 의사는 사진을 평소 몹시 좋아해서 진료시간을 좀 줄여서 부인과 함께 사진을 찍으러 전국 각지를 돌아다닌다고 하고, 또 다른 중년의 CEO는 평소 소질도 있고 관심도 많았던 요리를 공부해서 주말이면 출장 요리를 나가거나 가까운 사람들을 초대해 앞치마를 직접 메고 만찬을 대접하기도 한다고 한다. 그들은 처음엔 낯설어 하거나 괴짜라고 여기던 사람들도 이젠 자신들의 새로운 도전과 변화를 부러워한다고 하며 다른 사람의 시선보다는 자신의 행복과 보람이 중요하다고 말한다.

우리나라의 사례는 아니지만 중년 남자들의 경계 없는 새로운 분야의 도전은 이제 상상을 초월하기도 한다. 얼마 전, 미국에서 중년 남자들의 누드 달력이 만들어졌다. 건설업에 종사하는 중년의 남자들이 자선기금을 마련하기 위해 과감히 옷을 벗어던지고 반라누드를 찍어 주변사람들에게 즐거움을 주었다. 이 달력에는 앞치마만 입고 요리를 하는 모습과 짧은 반바지만 입고 골프 치는 모습 등 '취미 누드'를 실었는데 판매액 전부는 기부금으로 사용되었다고 한다. 물론 일회성의 이벤트였지만 이런 깜찍한 발상을 할 수 있는 분위기가 부럽기도 하고 주변 시선을 의식하지 않는 그들의 용기에도 박수를 보내고 싶었다.

거창한 변화만이 의미 있는 것은 아니다. 작은 변화라도 자신이 원하는 삶에 한 발 다가서려는 자세가 중요하다. 평소에 노래를 잘 부르고 싶었다면 노래 교실을 찾아가 노래 부르는 법을 배울 수도 있다. 작가가 꿈이었다면 지금이라도 매일 일기를 쓰거나 인터넷상에 작은 자기만의 공간을 마련해서 혼자만의 글쓰기를 시작해도 좋다. 별일 아닌 것 같지만 그로 인해 얻게 되는 자부심은 중년의 삶에 자신감과 활기를 불어넣어줄 것이다. 이렇게 작은 자부심은 좀 더 큰 꿈을 향해 나아가게 만드는 원동력이 된다.

결과에 너무 연연하지 말고 잘 안되면 어쩌지 하는 걱정도 그만 접어두자. 성취감이라는 것은 골인 지점에만 있는 것이 아니다. 도전하고 변화하는 과정 속에도 만족을 느낄 수 있다. 산 정상에 올라 정복감을 느끼는 것도 좋지만 산길을 오르면서 마주하는 풍경을 바라보고 생각하는 시간을 갖는다는 그 자체가 때론 등산의 중요한 목적이 된다는 사실을 잊지 말자.

우리는 그동안 참으로 규격화된 생각을 하고 삶을 살아왔다. 30대에는 30평의 아파트, 40대에는 40평의 아파트, 50대에는

50평의 아파트에는 살아야 한다고 생각하고 또 그렇게 하는 것이 주변보기에 떳떳하고 자랑스럽다고 여기고 있다.

사실 우리에게는 40평이니 50평이니 하는 물리적 공간보다 내 마음속의 공간을 넓혀가는 지혜가 더 필요하다. 4,50대에도 20평으로 돌아갈 수 있는 여유와 자신감을 가지고 자신의 꿈과 행복을 위해 변화하고 도전할 수 있는 그런 마인드를 가져보면 어떨까?

새로운 도전에 대한 개요가 잡혔다면 일단 시도하라. 당연한 충고처럼 들리겠지만 실패의 두려움은 도전함으로써 극복하는 수밖에 없다. 자신이 무엇인가를 선택하고 시도한다면 우선 스스로 새로운 것에 맞닥뜨리는 신선한 충격을 받을 것이다. 그 충격자체로도 긍정적 효과라고 할 수 있다. 그동안 너무나 무감각하게 살아오지 않았던가. 그 충격은 당신의 잠자고 있던 감각을 일깨워줄 것이다.

일단 시도하라는 의미는 바로 '실천하라'는 의미이다.

그동안 수도 없이 많은 생각을 해왔고 계획도 세워봤다. 물론 생각조차 않는 것보다는 의식을 변화시키고 많은 사색을 하는 것이 좋지만 생각만으로는 변화가 일어나지 않는다는 것을 우리는 알고 있다.

발 없는 말이 천리를 간다지만 발 없는 생각은 한 발짝도 못나간다. 이제 충분히 생각하고 계획했다면 시작해야 할 시간이다. 언제나 첫 걸음은 낯설고 서툴다. 그러나 그 첫 걸음이 있어야 다음 걸음도 떼어지는 것이고 멋진 워킹을 할 수 있는 것이다.

지금 시작하는 자만이 변화할 수 있고, 지금 도전하는 자만이 성공에 더 가까이 다가갈 수 있다. 인생은 저지르는 자의 것이다. 한번 저질러보자!